骨ストレッチでスポーツ

しなやかに動けるからだへ

松村 卓

目次

2 骨ストレッチのスポーツエクササイズ

はじめに

今、スポーツトレーニングの世界ではパワーアップのための筋力トレーニングが全盛です。確かにスポーツ選手の中には、筋力トレーニングで記録を向上させたトップアスリートがいます。しかし、それはほんの一握りの人たちです。スポーツトレーナーとして周囲を見回してみると、多くは筋力トレーニングでからだを固めたことが原因でケガに悩まされたり、からだの動きが悪くなってしまったりして、記録が落ちてしまった選手の方が圧倒的に多いのです。

人間のからだは複雑で精妙にできています。筋肉が太く重くなると、関節や腱はそれに耐えることができなくなりケガをします。様々な科学的データを集積して分析し、最適のトレーニングプログラムを作っても、それがすべての人にとって効果的とは限りません。欧米人、アフリカ人と日本人では骨格が違います。骨盤の角度も筋肉の付き方や種類は違うと思いました。人種差も個人差も大きいのです。

私は現役時代、100mの陸上短距離走の選手でした。体格のハンディを克服するには、筋力をアップするしかないと、重いウエイトのバーベルを挙げる筋力トレーニングをしていました。筋力はオリンピック選手以上という分析結果も出ました。しかし、筋肉で重くなったことによって、ケガに悩まされ続け、全日本実業団6位という結果がベストで、自分の目標には届きませんでした。

静的ストレッチも準備運動として定着していますが、静的ストレッチの後にからだが重くなったという体験をしたことがある方は多いと思います。ほとんどのスポーツ選手は静的ストレッチの後、からだが動きやすくなったかどうかを検証しようとしません。私も現役時代はウオーミングアップとクールダウンに時間をかけて入念に静的ストレッチをおこなっていましたが、ケガの防止にはなりませんでした。筋力トレーニングも静的ストレッチも、その後に動きやすいからだになっていなければパフォーマンスは上がりませんし、ケガの防止にもなりません。

私は現役を引退してから、からだの動きを再検討することにしました。武術家をはじめ多くの方々と出会い、新しい経験をし、多くの発見をしました。そこで得たのは、からだの動きをよくするためには、いかに力を入れるかよりも、いかに力を抜くかということでした。これは古武術の身体技法の考え方であり、昔の日本人のからだの使い方を再評価することにつながりました。そして、筋肉を支える骨の存在こそが重要な役割を担っていることに氣づいたのです。

この考え方を基本に試行錯誤を重ね、実践と研究の結果、私が開発したのが「骨ストレッチ」です。骨ストレッチは誰でも簡単におこなうことができる、「からだの動きをよくするストレッチ」です。私の10年以上の指導経験から、骨ストレッチは誰に対しても効果的であり、弊害がないと自信をもって言い切れます。骨ストレッチは、骨を効果的に使う日本の伝統的な身体技法を、わかりやすくアレンジしたメソッドであり、「どうしたらケガをせず自分の力が発揮できるのか」という、現役時代の私自身の疑問に対する明解な答えでもあります。

本書は、私の著書としては初めてのスポーツをする人全般を対象とした本ですが、一般の方も十分に利用できる内容になっています。肩痛、膝痛、腰痛から解放されて、思いどおりにからだが動けることが生活の質を高めます。そして、そのからだの状態を維持することがスポーツを楽しむスタートです。骨ストレッチを続けることで、ここちよくしなやかに動けるからだに変わっていくことできるのです。本書がスポーツを楽しむ多くのみなさん、アスリートやコーチのみなさんのお役に立つことを心より願っています。

スポーツケア整体研究所　代表　　松村　卓

モデル　尾形 蘭

骨ストレッチ認定指導員。最も骨ストレッチを忠実に再現できる骨ストレッチのトレーナー。
フィンスイミング元日本代表。日本選手権50ｍサーフィス12連覇。２０１９年日本選手権50ｍアプニア第7位。

撮影　小松貴史

ヘア&メイク　門倉タカコ

第1章　骨ストレッチはなぜからだによいか

1　骨ストレッチとはなにか

骨ストレッチとは「骨を効果的に使ったストレッチ」

私が開発した「骨ストレッチ」[*1]は、からだのここちよさを取り戻し、動きやすくするためのメソッドです。骨を効果的に動かすことで、誰もが、楽に簡単に、筋肉や関節の柔軟性や可動域を向上させることができる、とてもシンプルなストレッチです。

読者のみなさんの中には「骨ストレッチ」というネーミングを不思議に感じている人も多いと思います。もちろん、骨自体は伸びませんので、骨をストレッチするのではありません。正式には「芯動骨整体」[*2]という名前があります。からだの中心（芯）にある骨を動かすと、體《からだ》が整うという意味が込められています。詳しくは本書で説明していきますが、「骨の動きを効果的に使ったストレッチ」と考えていただければよいと思います。

骨ストレッチが身体機能の改善に大きな効果があることは、トレーナーとして10年以上続けてきた経験から明らかです。しかし、なぜ効果があるのかは推測でしかわからないこともあります。

２０１９年、京都大学大学院工学研究科の金尚弘助教の協力の下で、私自身がモニターとなって骨ストレッチの科学的検証実験が始まりました。これによって、さらに多くのことが科学的に明らかになると期待しています。

からだを鍛えるというと、誰でも目に見える「筋肉」を変化させようとします。しかし、「骨組み」という言葉があるように、筋肉を支えてくれるベースは「骨」に他なりません。私は「骨は陰、筋肉は陽であり、目に見えない部分が、目に見える部分の働きを支えている」と常に言っています。「陽」

である目に見える筋肉を効果的に動かすためには、「陰」である目に見えない骨の働きがとても重要なのです。筋肉にもインナーマッスル（深層筋）のような陰の部分も存在します。このインナーマッスルを効果的に動かすためにも、骨の活用は欠かせません。筋肉ではなく骨を動かすことで、「ここちよく動けるからだ」になることができるのです。

＊1　骨ストレッチは、スポーツケア整体研究所㈱の登録商標です。

＊2　芯動骨整体は、スポーツケア整体研究所㈱の登録商標です。

骨ストレッチでインナーマッスルも鍛えられる

骨ストレッチのエクササイズでは、腕と脚以外の胴体である「体幹」のいくつかの骨が連動して動きます。通常の筋力トレーニングでは鍛えにくいインナーマッスル（深層筋）も効果的に刺激されて、自然と鍛えられます。言い換えれば、骨が動くことでインナーマッスルも動き、その結果として、こちよい、軽やかなからだの動きを手に入れることができるのです。

インナーマッスルは、日常の動作を支えてくれるからだの内側の筋肉です。これらの筋肉の多くは「赤筋」（遅筋）と呼ばれ、筋力トレーニングで鍛えられる「白筋」（速筋）とは種類が違う筋肉です。

白筋は細胞分裂によってどんどん大きくなる筋肉なので、鍛えれば鍛えるほど、筋肉質のからだになっていきます。見た目はたくましくなり、強そうに見えます。「ああいうからだになりたい」とあこがれる人は多いと思います。しかし、白筋を鍛えてもからだが大きくなるだけで、身のこなしがスムーズになるわけではありません。

むしろ、筋肉の鎧を身にまとうようなものですから、かえって動きはぎこちなく、不自由になってしまいます。これらの筋肉は、重い荷物を一氣に持ち上げたり、短距離をダッシュしたりするには必要だと言われていますが、トレーニングによって肥大させた筋肉がスムーズな実動作にどこまでつながっているかは疑問です。まして急激な動きがそれほど必要とされないスポーツでは、筋肉を増強することが逆効果になると考えられます。

骨ストレッチの基本は「親指と小指で骨を押さえて動かす」

骨ストレッチは無理なくからだを動かすストレッチです。やり方の基本は、「親指と小指で骨を押さえて動かす」ことです。鎖骨などの骨を直接つかんだり、手首、肘、膝、足首の出っ張っている骨を押さえたりして、からだを動かします。とてもシンプルで簡単な動作ですが、これによって関節の可動域が広がり、しなやかに動く柔軟なからだをつくることができます。

骨ストレッチの利点は、誰でも簡単に実践でき、再現性が高いということです。このような簡単な動作で、なぜ関節の可動域が広がり、からだの動きがスムーズになるのでしょうか。

骨を直接つかんだり、出っ張っている骨を押さえたりすると、そこが支点となって、動かしている部分だけでなく、体幹へも動きが伝わって直接刺激されることになります。さらにその体幹につながる別の末端部分へも動きが伝わるようになります。からだの芯が動かされて、関節と骨の位置が整うのです。「芯動骨整体」という名称はこのことを示しています。

体幹は背骨を1本の軸にして、上半身が肩甲骨、鎖骨、胸骨、肋骨、そして下半身が骨盤といったように、からだを支える重要な骨が配置され、これらが連動することで様々な動作を生み出しています。ヒトのからだは骨によってつながっていて、これらがスムーズに連動することで動いています。

支点をつくって末端の動きを制限することで、ひとつの運動が数々の骨を通じてからだ全体へ伝わって連動するのです。これこそが骨ストレッチの最大の特長です。こうした骨の連動がスムーズにおこなわれると、身のこなしは軽やかになります。骨ストレッチをおこなうと、からだがポカポカと暖まり、ここちよい体感が得られるのはこのためです。

また、骨ストレッチのエクササイズは、「骨を押さえる」という簡単な動作によって、目標とする動作が簡単にできるという利点があります。

骨ストレッチの「手首ブラブラ」（68ページ参照）は、ウオーミングアップなどでよくおこなう手をブラブラさせる運動と比べると、手首を押さえているため動作が制限されます。このように動作を制限して動かしにくい状態にした方が、からだの中心である体幹に刺激が伝わりやすくなるのです。実際に肩や腕の力を抜いて「手首ブラブラ」をおこなうと、手首と同時に腕や肩の一帯が振動しているのが感じられてきます。骨ストレッチのインストラクターならばうまく脱力して、脚にも振動は伝わります。

これに対して、ただ手をブラブラさせるだけでは全身に刺激は伝わりません。部分的な筋肉を動かしているだけなので、からだ全体のバランスは悪くなってしまいます。手だけをブラブラさせた後、腕を回してみてください。腕が重く、思うように回せません。

これは、足のくるぶし、あるいは肘や膝の出っ張っている骨を押さえたときも同じことが起こります。手のブラブラと同様、運動前に足をブラブラさせたり、つま先を地面に着けて足首を回したりするウオーミングアップがありますが、これも親指と小指で足首のくるぶしを押さえて回す方が（82ページ参照）、はるかに効果があります。

鎖骨を押さえてからだをひねる「鎖骨ひねり」（80ページ参照）では、これに連動して肩甲骨一帯が動くことで可動域が広がり、その刺激は肋骨や骨盤へと伝わっていきます。ひとつひとつの骨が孤立しているのではなく、互いが関係し合いながらからだを支えているのです。特に鎖骨は体幹にある多くの骨と連結していますので、刺激がいろいろな場所に伝わりやすく効果的です。

骨ストレッチはなぜ親指と小指を使うのか

私が骨ストレッチを考案した当初、骨やからだの節々を押さえることに重きを置き、押さえる指に関しては、あまり考えてはいませんでした。

メソッドを考案する過程で、押さえられた方の手の親指と小指をつなげて「手首ブラブラ」を試してみたところ、からだが柔軟になっていくスピードがあまりに違うのに氣づきました。今度は押さえる方の指も親指と小指にしてやってみると、その感覚がさらにアップしました。

ほかの指でも一通り検証してみましたが、親指と小指の組み合わせが一番よいことがわかりました。親指と小指をつなげると余分な力が入りにくいため、誰がやっても同じ効果が得られるのです。

無駄な力を抜く「脱力」は、動作をスムーズにおこなう上で大事なポイントですが、コツをつかむのが難しいと言われています。そのコツが、親指と小指をつなげるというシンプルな動作で、簡単に手に入るのです。

この親指と小指をつなげる方法を発見したことで、すでに考案していた他のエクササイズの効果も飛躍的に高まり、２００７年に現在の骨ストレッチの原型ができあがりました。この方法でからだのあちこちを動かしてみると、こわばっていた部位がおもしろいように柔軟になり、動作が楽になりました。

自分自身のからだの反応を確かめていく中でわかってきたのは、親指と小指の役割の違いです。それは、親指はブレーキ、小指はアクセルの役割ということです。親指と小指をつなげると、ブレーキとアクセルのそれぞれの力が中和され、ニュートラルになるのではないかと、私は考えています。親指と小指で骨やからだの節々を押さえると無駄な力が入りにくいのもこれが理由であると推測できます。

親指と小指でからだの末端部の動きを制限することで、末端部の刺激は体幹まで伝わりやすくなります。この刺激が伝わっていく道筋を、私は「パワールート」と呼んでいます。

ただ手をブラブラと振るだけでは、末端部で力が分散されてしまい、このパワールートをつくり出すことができません。末端部だけを動かしても、逆にからだに負荷をかけてしまうことになってしまいます。

日常生活でも、箸を動かすときに親指を無理に使おうとすると、うまく箸が使えません。親指は支えるだけにしておくことで、うまく箸を使えます。書道の筆を使うときも、親指は支えているだけです。このように親指は支える指として機能しています。

小指についてはどうでしょうか。

農作業で使う鍬《くわ》や鋤《すき》、まき割りに使う斧《おの》は小指に力を入れて握ります。

武道では、剣道の竹刀の握りが小指を強く握ります。昔は重い真剣でしたから、特に小指に力を入れないとうまく握れず、思うように刀を操ることができませんでした。柔道で相手の胴着の襟をつかむときも、小指に力を入れないとうまくつかめず、投げ技は仕掛けられません。

スポーツでは、野球のバット、ゴルフのクラブ、テニスのラケットを握るときは小指に力を入れます。このように小指は作用をする指として機能しています。

親指と小指でU字をつくって皮膚をさする骨ストレッチ

骨ストレッチでは、親指と小指でU字をつくり、からだの表面をさすることでからだをほぐしていくエクササイズがいくつかあります。このとき、親指と小指は離しておきます。（65ページ参照）テストをしてみましょう。最初はなにもせずに腕を回してどのくらい回るかを試します。次に親指と小指でつくったU字で、前腕を肘から手首に向かって10秒から20秒、さするマッサージをします。その後に腕を回してみると明らかに腕が軽くなっていることがわかります。これは腕に限らず、お腹でも脚でも同じです。親指と小指を使って皮膚をさすってからだをほぐすことが、とても効果的なのは今までのトレーナー経験で実証済みです。これは自分ではなく他の人がマッサージしてくれたときも同じ効果があります。

もうひとつ、テストをしてみましょう。まずその場で右脚をもも上げしてどのくらい上がるかを試します。次にそれぞれの手の親指と小指でU字をつくり、膝を立てた右足首くるぶしの下の内側と外側を、両手同時に20回から30回、親指と小指のU字を前後にスライドさせてマッサージしてください。（96ページ参照）

マッサージが終わったら右脚をもも上げしてみてください。前より高く上がることが実感できると思います。これは足首のくるぶしの下から大腰筋まで筋肉群がつながっていることで、背骨と骨盤をつなぐ体幹のインナーマッスルである大腰筋がほぐれ、もも上げが楽になるのです。

このエクササイズは科学的にも実証されています。私は、竹内京子先生（元帝京平成大学ヒューマンケア学部教授・現東京医科大学医学部客員教授研究員）から教えていただきました。

表面の皮膚については、皮膚研究の第一人者である傳田光洋《でんだみつひろ》氏（資生堂グローバルイノベーションセンター主幹研究員）が著書『皮膚は考える』（岩波書店）の中で、「皮膚はただ体を保護する膜ではなく、それ自体が独自に感じ、判断する能力を持っている」と言っています。皮膚の表面には100ミリボルトに近い電圧の電氣が流れています。表皮の内側と外側では電位差があり、あたかも電池のように機能しているのです。この電位差はストレスや老化によって失われてしまいます。皮膚がかさつくのはこのためです。

親指と小指を使って皮膚をマッサージすると、皮膚の内側と外側の電位差が復活し、電池としての機能が回復するのではないか、と私は考えています。

2　静的ストレッチの問題点

静的ストレッチをしてもからだは軽くならない

スポーツをするとき、ほとんどの人はウオーミングアップとしてストレッチをしていると思います。これらは静的ストレッチと呼ばれるもので、筋肉をゆっくりと伸ばし、柔らかくして可動域を広げ、ケガの防止を期待しておこなうものです。１９７５年以降、世界中に普及しました。

ストレッチには静的ストレッチのほかにも、からだを反復して動かす動的ストレッチ（ダイナミックストレッチ）などいくつか種類があります。本書では最もみなさんになじみのある静的ストレッチを取り上げてその効果を検証してみることにします。本書では、骨ストレッチと区別して、単に「ストレッチ」と呼ぶときは静的ストレッチを指します。

腕や肩を伸ばすストレッチをおこない、腕を回してみてください。ストレッチを始める前より、かえって腕が重く、回りにくくなっていませんか。もも、ふくらはぎ、アキレス腱など、下半身のストレッチがおこなわれることも多いですが、ストレッチには様々な種類がありますので、いくつか試してみてください。ストレッチの前後に腕を振ったり、歩いたり、あるいは前屈をしたりしてみてください。

ストレッチの後にこうしたチェックをすると、ほとんどの場合、からだが重くなり、伸ばした部分の柔軟性は低下していることがわかります。ストレッチをおこなったあとに腕を回したり歩いたりすれば誰でも確かめられるのに、私たちの多くはそれをしません。

ウオーミングアップと称しておこなう静的ストレッチはわざわざからだを固くし、動きにくい状態にしてしまっているのです。

アキレス腱ストレッチ、背伸びストレッチは弊害がある

静的ストレッチの問題をシーツに例えて説明します。

2人の人間が向かい合い、シーツの四隅を持ってピンと張った状態をイメージしてください。人間のからだは筋肉群がつながっています。このシーツを人のからだに見立てた場合、四隅の部分が両肩と両足に当たることになります。つまり、片方の足のアキレス腱を伸ばすということは、シーツのひとつの隅を引っ張ることを意味します。ひとつの隅を引っ張れば、対角線上の隅も引っ張られることになります。この隅に当たるのが反対側の肩の付け根です。

5メートル歩いたあとにアキレス腱ストレッチをおこない、もう一度歩いてみてください。ストレッチ前の方がずっと楽に歩けたことがわかります。からだがずっしりと重くなっていることに驚く人も多いでしょう。アキレス腱ストレッチはこのようにからだの動きを重くするだけでなく、その影響は上半身である肩の一帯にも及ぶのです。

アキレス腱ストレッチをしている状態で、伸ばしている足と反対側の腕を回してみてください。思うように回りません。逆に、伸ばしている側の腕は普通に回ります。これは、アキレス腱ストレッチによってからだのバランスが崩れ、負担が増してしまうからなのです。

そもそもアキレス腱を伸ばすことは弊害があります。腱を伸ばすと戻るまでに時間がかかり、伸びた腱のまま運動をすると、かえって捻挫などのケガをしやすくなることが実証されています。

仕事の合間に両手を組んで思いっきり背伸びをするストレッチがあります。このストレッチの後に前屈をするとからだが全く曲がらず、腰の一帯が張って、とても重くなってしまうことがわかります。背伸びをしてからだを伸ばしているつもりが、全く伸びていないのです。それどころか腰に負荷をか

けてしまっています。

背伸びで両腕を伸ばすということはシーツの一辺をグッと上に引っ張るということですから、向かい側の一辺である腰も引っ張られることになります。筋肉が引っ張られると、筋繊維の間に点在するセンサーである筋紡錘が脳にその情報を伝えます。すると脳は、引っ張られた筋肉を元に戻すように指令を出します。筋肉が伸ばされるとそのままではケガをしてしまうので、脳は「危険」と判断して防御の指令を出すのです。

背伸びのストレッチでは、伸ばした分だけ腰が詰まって負荷がかかってしまうことになります。負荷がかかるのは腰だけではありません。思い切り背伸びをした状態のまま静止して、両手をそっとほどいてみてください。鏡で見ると、首が詰まって背中が猫背になってしまっているのがわかります。背骨が伸びているように感じられますが、実際は腕の一部を無理やり伸ばしているだけなのです。

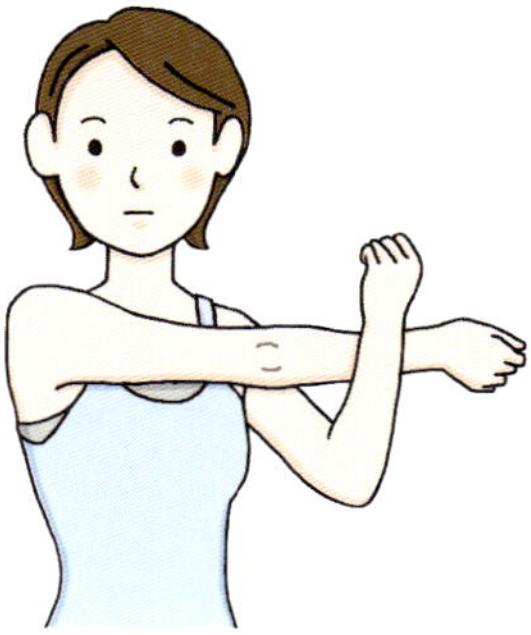

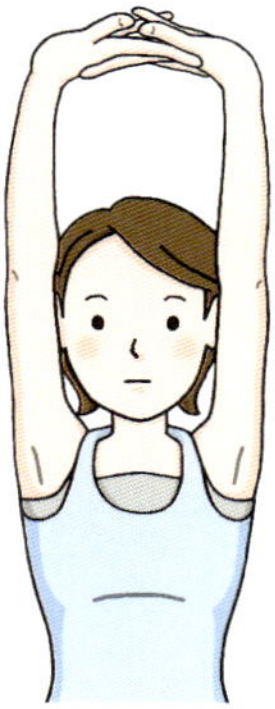

静的ストレッチは筋肉を「伸びた輪ゴム」にしてしまう

私自身、陸上競技の短距離選手だった現役時代はウオーミングアップとクールダウンに30分から40分、たっぷり時間をかけ、入念な静的ストレッチをおこなっていました。ストレッチをすればからだの柔軟性が高まり、走力がアップすると信じていたのです。しかし、現実にはケガが絶えず、ここ一番のチャンスを生かせないこともありました。誰よりもストレッチをおこなっているはずなのに、なぜケガばかりするのか。その理由がなかなかわからず、悔しい思いをしていました。

いまならばはっきりと言えますが、静的ストレッチで伸ばされるのは、腕、肩、ももといったからだの一部分だけなのです。こうした部分をいくら伸ばしても、それがからだ全体の柔軟性を高めることにはつながりません。むしろバランスを崩し、思うような動きができなくなることが多いのです。

筋肉を輪ゴムに例えて考えると、輪ゴムを伸ばし続けていると、逆に弾力がなくなり、切れやすくなってしまうのです。この「弾力のなくなった輪ゴム」は「ストレッチした筋肉」です。入念に静的ストレッチをすることで、筋力の弾力は失われてしまうのです。これから本格的にからだを動かすためのストレッチが、かえってからだの動きを阻害することになってしまいます。静的ストレッチではパフォーマンスが向上するどころか、続ければ続けるほど、ケガや痛みが増えてしまうことも起きてしまうのです。

このように静的ストレッチの問題点を体感していくと、ほとんどの人は静的ストレッチをしなくなります。まずこれらの弊害に氣づくことが、動けるからだのためには重要な第一歩になります。

静的ストレッチはケガの予防やパフォーマンスアップにならない

静的ストレッチによってからだの柔軟性が失われることを私が実感したのは、選手生活も終盤に差し掛かった20代後半のことです。このときの氣づきは個人的な体験でしたが、現役を退き、トレーナーとして多くのアスリートを指導していく中で、同じ感覚を共有する人が多いことを知りました。

試してみればすぐにわかるのですから、熱心にストレッチを続けていた人ほどショックは大きく、ほとんどの人が「これまでしていたことはいったい何だったんでしょう」と口をそろえます。

スポーツ科学の研究分野でも静的ストレッチの弊害を指摘する実験データが発表されています。これらの調査実験の結果が示すのは、

①静的ストレッチはケガの予防にはならない。
②静的ストレッチは筋力のパフォーマンスをダウンさせる。
③静的ストレッチは筋肉の疲労回復には役立たない。

ということであり、静的ストレッチは運動前も運動後も効果がないことを示しています。

以下、いくつかの研究発表データを掲載します。

■アメリカ陸上競技連盟(USA Track and Field)の調査実験の結果(「ニューヨークタイムズ」掲載)

13歳から60歳の1400名を、静的ストレッチをしないグループと静的ストレッチをする2つのグループに分け、3か月間ランニングをさせた。

結果はどちらのグループも同じ割合（約16％）でケガをし、同じ期間（約1週間）ランニングを休んだ。

■ザグレブ大学(クロアチア)の研究チームの調査実験の結果

調査対象はプロのアスリート。静的ストレッチで同じ箇所を45秒以上伸ばすことで、筋力が平均5・5％、跳躍力や瞬発力も平均3％ダウンした。

静的ストレッチの時間が90秒以上になると、筋力の低下はさらに顕著になった。

■シドニー大学(オーストラリア)の研究チームの調査実験の結果

10人の被験者に1回につき40秒から10分の静的ストレッチをおこなってもらい、運動後の筋硬直(筋肉痛）の程度を調べたが、改善事例はみられなかった。

3　筋力トレーニングの問題点

筋力トレーニングはからだの動きを悪くする

筋力トレーニングの有効性について考えてみましょう。

重いバーベルを挙げるウエイトトレーニングや体幹トレーニングも筋力トレーニングのひとつですが、最初に、最も一般的な体幹トレーニングである腹筋運動について考えてみましょう。

腹筋運動を5回から10回おこなった後に、5メートル歩いてみてください。からだが鉛のように重くなり、思うように前へ進めないことに氣づきます。少し歩いただけでもこうなのですから、ランニングなどスポーツのあらゆる動きに対する影響はもっと大きいことが容易に想像できます。

プランクといわれる体幹トレーニングも同様です。両肘と前腕を床に着き、板のように腹筋を固めて体幹をまっすぐ伸ばした姿勢を10秒から20秒キープします。これをおこなった後に、5メートル歩いてみてください。やはり、からだは重く、思うように前に進めません。起き上がる段階で重さを感じ、びっくりする人が多いでしょう。

体幹トレーニングでは、こうした腹筋ばかりでなく、腸腰筋（149ページ参照）など、からだの内部にあるインナーマッスルを鍛えることが重視されています。

インナーマッスルは日常の様々な動作を支えてくれる、「縁の下の力持ち」の筋肉ですから、鍛えても、外見は筋肉質のからだにはなりません。その代わりに、身のこなしがスムーズになるという効果が得られると言われていますが、現実はどうでしょうか。

トレーニングをおこなったあと、歩いたり腕を回したりして動作確認をしてみてください。実際にからだの動きは楽になったでしょうか。

通常の体幹トレーニングは、腕や脚にばかり負担がかかってしまいます。また肝心の体幹も腹筋部分にばかり負荷がかかり、インナーマッスルを鍛えることにつながっていきません。

胴体である体幹はからだの中で最も表面積が大きく、発揮されるエネルギー量も大きいのです。うまく活用できれば、よりダイナミックで効率的なからだの動きが実現できるようになります。問題は体幹の鍛え方です。体幹トレーニングとは、基本的には筋力をアップし、頑丈にしようとするものがほとんどです。スポーツの現場では、体幹を1本の棒のように固くすることをすすめるケースもありますが、それではからだの柔軟性が失われ、スムーズなからだの動作は難しくなります。

静的ストレッチも筋力トレーニングも、その効果が深く検証されないで習慣化し、あまりにも多くのスポーツの現場でおこなわれていることは問題です。腹筋運動は多くの人が実践しています。腹筋を鍛えてメタボ体型を改善するというダイエット効果を期待する向きもあるでしょうが、見せる筋肉と動くための筋肉は違います。腹筋を鍛えた結果、スポーツの実動作に支障が出てしまったら意味がありません。

体幹の重要性が認識され始めたことはよいことです。体幹がからだの動きに重要な役割を果たすのはそのとおりです。しかし、体幹を筋肉で固めてしまえば、なめらかな動きが失われてしまい、しなやかにからだを動かすことはできなくなってしまいます。実際に動きやすいからだを獲得するためには、今までとは違う発想への転換が必要なのです。

腹筋運動

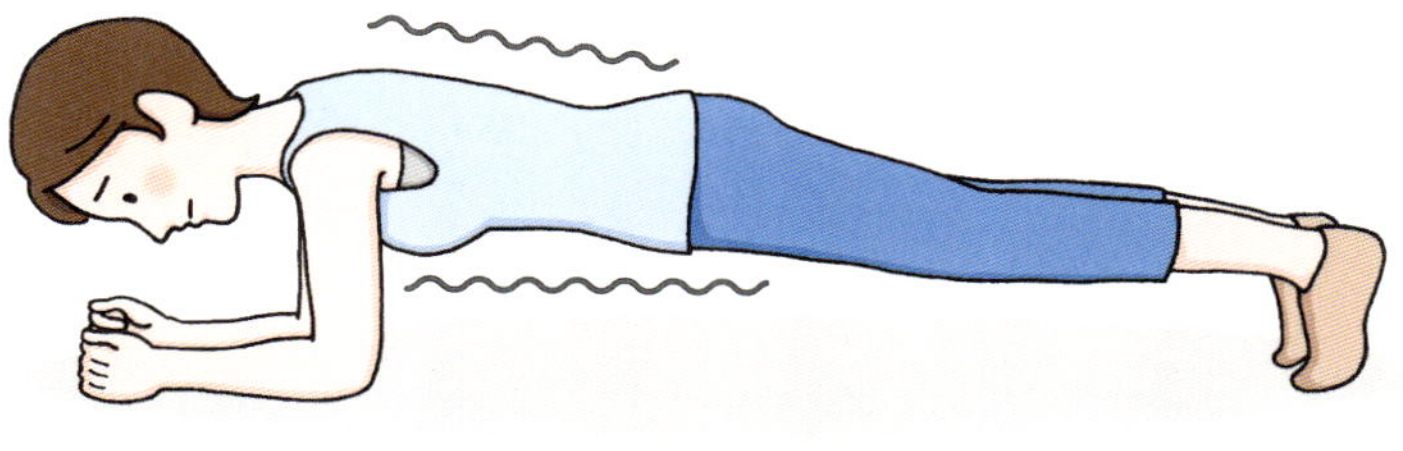

プランク

筋力トレーニングはケガを誘発する

今は筋力トレーニングが全盛です。プロのアスリートは筋力トレーニングによって、体幹をより太くし、パワーアップをしようとします。筋力トレーニングをすると筋肉は太く重くなります。しかし、関節や腱は筋肉と違って鍛えることができません。パワーアップして重くなった筋肉の動きに、関節や腱は耐えていくことができずケガをしてしまうのです。

高校生のころは1試合200球を連投していたピッチャーが、プロ球団に入り、筋力トレーニングで筋肉を強化したら故障してしまったという例はよくあります。肩や肘に疲労がたまっていたからと言われますが、私はそうではないと思います。

連投や投球数が多いということは、いつも全力投球ではなく、からだに負担がかからないように工夫する力が自然に備わります。骨格をうまく使って筋肉に頼らずに投げていたのに、筋肉をつけたことで、筋肉に頼る動き方に変わっていったことが故障の原因と考えられます。

ふらふらになるまで練習をすることは、非科学的と言われますが、それだけ疲労した後は、無駄なからだの力が抜けて、自然なからだの動きを体得できるメリットもあるのです。

筋力トレーニング全盛のメジャーリーガーには、投球回数と登板間隔を制限しているのにもかかわらず、ケガをするピッチャーがたくさんいます。太くなった筋肉に関節や腱が耐えられないのです。ピッチャーがウエイトトレーニングで鍛える筋肉と、実際に投げて走って鍛える筋肉はつきかたが違います。これらの違いもケガが増加する要因でしょう。

大相撲のケガが増えたのも筋力トレーニング導入の影響と考えられます。ウエイトトレーニングで鍛える筋肉は、てっぽうやすり足で鍛える筋肉ほど実動作には結びつきません。

陸上短距離でも、数人のトップアスリートが筋力トレーニングで体幹を固めすぎたことによるケガで走ることができないでいます。他のスポーツ界でも同じようなことが起こっています。筋力トレーニングをした結果、飛距離は伸びたけれど、膝や腰を痛めてしまったプロゴルファーや体幹を固めすぎて脇腹をケガしてしまったプロテニスのプレイヤーがいます。

一方で筋力トレーニングに否定的なトップアスリートもいます。プロ野球のイチロー選手は、軽いウエイトを使って可動域を広げるトレーニングをおこなっていました。腹筋を強化することにも反対の意見を持っています。

アテネオリンピックのハンマー投げの金メダリスト、室伏広治選手はケガが少ない選手でした。彼は「ハンマー投げの世界のトップクラスは誰もウエイトトレーニングをしていない。私自身もエアボールを使って、身体動作を意識したトレーニングを実施している」と研究発表会で語り、周囲をびっくりさせました。

彼の父親である重信さんもハンマー投げのトップアスリートとして世界で活躍しました。直接お話を伺ったとき「私は現役時代、一度も腹筋運動をしたことがない。重要なのは体幹をいかに使うか、丹田の力をいかに使うかだ」と言っていました。

筋力トレーニングはある程度までは成果が出ます。しかし、それ以上を求めるとケガを誘発してしまい、結局その障害によって、目標は達成できない人がほとんどです。ケガなく成果に結びつけることができるのは、ほんの一握りのアスリートだけなのです。

日本人の骨格や筋肉のつきかたは欧米人とは異なります。アメリカスポーツ界のように筋肉とパワーに頼る姿勢ではなく、もっと日本人に合ったパフォーマンスアップの方法を考えるべきです。

筋肉量より筋肉の出力が重要

私の現役時代、愛知県のあるスポーツ研究施設の最新機器で筋力測定をしてもらったことがあります。一定時間、ももの前側にある大腿四頭筋の力で膝下を前方に押し出し、ももの裏側にある大腿二頭筋（ハムストリングス）の力でそれを後方に引き戻すシンプルな動作を繰り返したところ、「オリンピック選手以上のパワー」という結果が出ました。

後日聞いた話では、100メートル10秒0の当時の日本記録保持者であった、伊東浩司選手が同じ検査を受けたところ、「筋力は女子選手並み」という結果が出たということでした。

この頃の私はケガばかりで思うようなパフォーマンスは発揮できませんでした。「この筋力パワーをなぜ生かせないのか」、「なぜ伊東選手は女子選手並みの筋力なのに速いのか」という質問に専門家は誰も答えてくれませんでした。

私はベン・ジョンソンにあこがれ、フローレンス・ジョイナーらの世界トップランナーの走りは「大腿四頭筋の強化にある」という専門家の意見に従い、ももの前側にあるこの筋肉を強化するウエイトトレーニングを取り入れました。しかし、大腿四頭筋は、動作のブレーキをかけるときに強く働く筋肉です。ランナーがこの筋肉を強化するということは、ブレーキをかけながら全力疾走するようなものだということが後になってわかりました。これではケガをするのも当然でした。

大事なのは筋肉の量である筋力ではなく、筋肉の使い方である筋出力なのです。筋肉の量がすべてという既成概念から離れないと、その人が本来持っている力を引き出すことは難しいのです。

体幹の筋肉は鍛えるよりゆるめる

筋力トレーニングで体幹の筋肉を固めてしまうと、なめらかな動きが失われてしまいます。体幹は固めてしまうよりも、ゆるめた方がはるかに動きやすくなります。

「腸ほぐし」と呼んでいる骨ストレッチをしてみましょう。あおむけに寝て膝を曲げ、肋骨の下から下腹部にかけて、両手を重ねた手のひらで、お腹一帯を円を描くように弱くさするマッサージをしてください(88ページ参照)。これを30秒おこなった後、立ち上がって5メートル歩いてみてください。

前述の腹筋運動とは比べものにならないほど、からだが軽くスムーズに前に進んでいきます。腹筋運動をした後は、起き上がるだけでつらかったと思いますが、この腸ほぐしをおこなうと立ち上がろうとする段階で、すでにからだの軽さを感じられます。スッと身を起こすことができます。これが体幹をゆるませることの効果です。簡単なマッサージでそれだけの変化が体感できるのですから、しっかりとほぐして柔軟性を高めれば、からだの動きがとてもよくなることが期待できます。

こうした「ほぐし」が必要となるのは、お腹の一帯だけではありません。私が最も重視しているのは、肋骨の一帯です。「肋骨ほぐし」(84ページ参照)を試してください。両手の拳の指の突き出た部分を使って、痛いと感じるくらいの強さで30秒マッサージします。強い痛みを感じる人は無理をせず、できる範囲でかまいません。効果は絶大です。肋骨をほぐし終えたあとに両腕を回すと、あまりの軽さにびっくりします。このような簡単なマッサージだけで、肩周辺の可動域が飛躍的に広がる効果が得られるのです。

筋力トレーニングを熱心におこなっている人ほど、「肋骨ほぐし」では強い痛みを感じます。からだを鍛えているつもりが、からだを硬くし、動きにくくしてしまっているのです。

必要な筋力はスポーツの動作で備わる

骨ストレッチの講習会で、筋力を使わなくても楽に動けたり、重心が安定したりする体験をしても、「筋トレは全くしなくてよいのですか？　多少は必要なのではないですか？　パフォーマンスは落ちませんか？」と質問してくる人がいます。

確かに筋力は必要ですが、日常的にからだを動かし、スポーツをすることで必要な筋肉は備わります。筋力トレーニングで重いウエイトを挙げ筋力をアップさせても、それが実動作の向上につながることはありません。筋力トレーニングでアップした筋肉を実動作につなげるためには、そのスポーツをおこなって、筋肉を動きやすくするプロセスが必要になります。また、過剰な筋力アップはケガのリスクを高めてしまいます。瞬間的なパワーが必要なスポーツであってもこれは同じです。

地上で一番速く走るチーターや、身近にいる猫でも、動物たちはお腹の一帯がとても柔らかく、腹筋はどこにも見当たりませんが、とても敏捷に動きます。からだを動かすこと、走ることは、ヒトがもともと持っている野性の本能をよみがえらせる行為です。

昔の日本人は現代人よりもずっと身のこなしが軽やかで頑強でした。江戸時代の飛脚は、筋力トレーニングもストレッチもせず、日常的に江戸から京都までの500キロ近くを3、4日で走りました。プロのアスリートであれば、数か月かけてしっかり準備をし、からだを整えてからレース本番に臨むというのが常識ですが、彼らはそんな準備などせず、もっと頻繁に走っていたのです。効率の悪いからだの使い方をしていたら、それこそ身が持ちません。

「筋力をアップすることがよいパフォーマンスにつながる」という考え方から抜け出し、それが実動作にどう影響が出るかを自分自身のからだで学んでいくことが重要です。

からだの声に耳を傾けよう

骨ストレッチを探求してきて氣づいたことは、「ここちよさを体感すればするほど、能力は発揮される」ということです。私自身、苦痛に耐えなければ強くなれないと思い込んでいましたから、この氣づきは、生き方を変えてしまうほど大きなカルチャーショックでした。

スポーツ選手は「自分を向上させるには、我慢があって当然」、「トレーニングはつらいのが当たり前」、「自分を律しないと、強くなれない」と思っている人が多いと思います。「スポーツ選手にケガはつきもの、ケガするくらいでないと本物とは言えない」という指導者もいます。

筋力が足りなければ、筋力トレーニングを頑張る。柔軟性が不足していれば、ストレッチを入念におこなう。メンタルが弱いと感じれば、ポジティブ思考を心がける。スポーツ選手は、こうした姿勢で必死になって自分を変えようとします。しかし、からだは違和感、不快感を発することで「そのやり方はおかしい」と教えてくれているのです。

なぜ無理をするのか、つらいことを自分に課し続けるのか、自分を責めてしまうのか。そうしたことを疑問と思わないことが問題だと思います。

従来のストレッチや筋力トレーニングによって、からだの可動域は低下して、動作がつらく感じられてきているのにもかかわらず、からだの声を無視して、「これだけ頑張ったんだ」と満足しているのはよいこととは言えません。腹筋運動を何回続けたか、バーベルを何キロ持ち挙げたか、体重がどれだけ減ったかという数字の変化だけをよりどころにしていると、肝心のからだの声はどんどんと置き去りにされてしまいます。

大事なことは単純明快です。からだが楽に動かせるかどうかです。からだがここちよいと感じているかどうかです。それには自分のからだの声を聞くしかありません。

筋肉量をアップするよりも、どうやったら身のこなしが楽になるか、動けるからだが手に入れられるかを追求する方が大事ではないでしょうか。日常の身のこなしが楽になれば、走ることもいろいろなスポーツも苦にはなりません。運動量が増え、効率的なからだの使い方ができるようになるので、無駄なぜい肉も自然と落ちていきます。

スポーツを続ける人にとって一番の悩みは、ケガやからだの痛みや張りとの闘いでしょう。長く続けるほどに痛い場所が増えてきます。その結果、長くケガに苦しめられるケースも少なくありません。日頃の運動不足や年齢から来る足腰の衰えが原因だと思っている人が多いかもしれませんが、多くの場合、いつもなにげなくおこなっているストレッチやトレーニングに問題があることが多いのです。

数あるストレッチや筋力トレーニングのすべてを否定しようというつもりはありません。それぞれのスポーツの特性やトレーナーの考え方や能力の差もあると思います。大事なことは自分自身で結果を見極めることです。実際にからだを動かして確かめ、効果があると実感できるものだけを継続することです。

ケガや痛みに悩まされず、スポーツを続けることで楽しさや喜びを感じられるようになりたい。よい成果を出したい。そのためには、今までの常識にとらわれることなく、からだのしくみを理解し、自分のからだと対話、つまり「体話」することです。この姿勢こそが大切なのです。

第2章　骨を上手に使う

1　筋肉より骨を使う

親指はブレーキ、小指はアクセルの役割

親指と小指の役割の違いは、からだを効果的に動かす上で、とても大事なポイントです。一般に考えられているよりはるかに大きな要素なのです。

テストしてみましょう。両手の親指だけを折り、手のひらにつけて、5メートル歩いてみてください。これだけの動作でもとても歩きづらくなります。歩いた後に前屈をしたり、腕を回したりしてみると、からだが固くなっていることに驚くでしょう。

次に両手の小指だけを折り、手のひらにつけて、同じように5メートル歩いてみてください。今度はまるでお尻にエンジンでもついたかのように、スムーズに前に進んでいきます。歩いた後の前屈でも腕回しでも柔軟性がアップします。親指と小指の扱い方を少し変えるだけで、これだけ大きな違いが出るのです。

足の指に関しても同じです。親指で地面を蹴って歩いたり、走ったりすると、ももの前側の筋肉（大腿四頭筋）に過剰な力みが伝わり、無理がかかってしまいます。これは効率が悪いどころかケガの原因になります。手の指と同様、足の親指も使わないように意識すれば、力みのないスムーズな歩きや走りができるのです。

昔の日本では、草履や下駄を履くのが一般的でした。これらの履物に鼻緒が付いているのは、親指と人差し指で鼻緒を挟み込むことで、歩行時にブレーキがかからないようにする先人の知恵です。

「柔能《よ》く剛を制す」は骨とインナーマッスルを使う

「柔能く剛を制す」という言葉があります。「柔軟性のあるものが、そのしなやかさによって、かえって剛強なものを押さえつけることができる」という意味です。柔道では、相手の力を巧みに利用し、小さい人でも大きい人を投げ飛ばすことができるというように使われます。「剛」は体格や大きな外側の筋肉（アウターマッスル）の力に頼った動きです。これに対して「柔」は骨と内側の筋肉（インナーマッスル）を使ったしなやかな動きのことです。柔道に限らず、古武術は伝統的な日本人独特のからだの使い方を基本にしています。

ふだん、いすから立ち上がるとき、腰を反らせて前傾し、ももの前側の筋肉などからだの外側の筋肉（アウターマッスル）を使って立ち上がります。

これに対して、畳から立つときは、外側の筋肉に頼るとからだの負担が大きくなってしまうので、からだの内側の筋肉（インナーマッスル）、特に上半身と下半身をつなぐ大腰筋を使います。

腰が反っていては立ち上がれません。少し背中の丸まった後傾姿勢の方が立ち上がりやすくなります。

重い荷物を持ち上げるときも、欧米人は、発達したアウターマッスルの筋力を使って荷物を持ち上げますが、欧米人は日本人とは違って前傾した骨盤にからだが適応しているため、筋肉の量が多く、多少腰が反っても、腰痛になりにくいという特長もあります。

一方の日本人はアウターマッスルではなく、インナーマッスルをうまく使って持ち上げます。日本人は骨とインナーマッスルを活用することで、特有のスムーズな身のこなしや素早い動作を実現させてきたのです。

日本人の伝統的なすばらしい身体感覚

日本人の伝統的な身体感覚はすばらしいものがあります。日本人は理詰めで考える前に、感覚で確かめ、それをひとつの知恵として共有したり、伝承したりしてきました。

それは、「骨」を使った慣用句が多いことにも表れています。「骨身に沁みる」、「骨がある」、「骨を折る」、「骨を休める」、「骨の髄まで」、「骨折り損のくたびれ儲け」など、骨を使った言葉が多いことは、昔の日本人が骨の重要性を意識して生活してきたことの証しです。

根性がない人のことを「骨がない」と言っていたのも、骨がうまく使えなければ、筋肉への負担が増えてすぐに疲れてしまったからでしょう。「コツ（骨）をつかむ」という言葉もあります。昔の日本では、「体」ではなく「體」という文字が使われていました。「骨が豊かである」と書いて「からだ」だったのです。この言葉に骨の役割のすべてが集約されています。

山形県酒田市の庄内米歴史資料館には、明治時代の小柄な女性が米俵を5俵も担いでいる模型が展示されています。米俵は1俵60キロ、5俵で300キロもあります。彼女たちは筋力に頼らず骨格を使い、重心を意識して背負っていたと思われます。まさに「骨身にまかせて」いたのです。

こうした重心のどっしりと安定した状態を「腹が据《す》わる」と言いました。これはへその下にある「丹田」を意味します。丹田は心身を安定させ、強さを発揮する土台です。この奥には大腰筋などのインナーマッスルもあります。疲労を蓄積せず、骨身にまかせてからだを効率的に使うためには、丹田やインナーマッスルを使うことが大切なことを、昔の日本人は経験的によく知っていたのです。

日本人は欧米人とは違って、歴史的に筋力に頼らないできました。最近の日本人は、欧米人を参考にするあまり、自分たちの特性に合ったからだの使い方を忘れてしまったかのようです。

骨を動かすにはからだの重さに身を委ねる

骨を動かすここちよさと骨を動かすことの重要性、からだの重さとの関係に氣づいたのは、東京芸術大学名誉教授であった野口三千三《みちぞう》氏（1914年〜1998年）が考案された「野口体操」でした。野口氏の身体理論の基本は、「からだのすべての動きは重さの変化、流れである。からだの動きのエネルギーは筋肉の収縮力ではなく、自分自身のからだの重さである」というものでした。

私がこれを実感したのが、「背骨を意識的に動かす」野口体操でした。

脱力してしゃがみ込み、頭は下げたまま、腰からゆっくりと立ち上がっていきます。通常、起き上がるときは頭からからだを持ち上げようとしますが、この動作では、起点となる腰から背中、首、頭へ、下から上へと起こしていきます。大事なのは、背骨の動きを感じ取ることです。

最初に腰の部分の骨が動き、その腰を起点にして背骨がひとつづつ順序よく上に向かって動き出していきます。これがなめらかにできるようになると、最後に、頭の部分が首の上に乗るように、ひょこんと起き上がれるのです。朝顔の芽が土から顔を出していくイメージです。繊細な動きですが、コツがつかめると背骨の方が勝手に動き出し、ここちよく感じられます。この動きを繰り返すことで全身の柔軟性はとても高まりました。

骨ストレッチの講習会では「背骨はサイコロキャラメルがつながっているとイメージして、サイコロのどの面がどこを向いているかを意識すると背骨が使えるようになる」と教えることがあります。

無駄な力が抜けて、筋肉が緊張から解放されると、からだの重さに身を委ねて効果的に骨を動かすことができるようになります。骨を動かすこととからだの重さを利用することはまさに表裏一体の関係にあるのです。

骨を使った「居着かない」動き

野口三千三氏は著書である『野口体操・からだに貞《き》く』、『原初生命体としての人間 野口体操の理論』の中で、「今直接仕事をしている部分が、その仕事のエネルギーを出しているようでは絶対によい動きは生まれない」、「次の瞬間、新しく仕事をすることのできる筋肉は、今、休んでいる筋肉だけである」と言っています。休んでいる筋肉が次の動きの可能性を大きくするというこの身体理論が、私の「骨を使う」発想の原点になりました。

その後、武術研究家である甲野善紀先生と出会い、骨を使う重要性をさらに深く認識することになりました。甲野先生は元プロ野球投手の桑田真澄選手の再生でも知られています。古武術の動きが現代のスポーツにも生かせることを知ったのも、甲野先生の稽古会でした。

武術の世界では、筋肉が緊張しスムーズな動作ができない状態を「居着く」と呼びます。すぐに相手に対応できない状態です。「居着かない」とは相手のどんな動きに対しても、素早く対応できる状態なのです。生死の境を決めるのはこの違いです。甲野先生は骨の使い手の達人です。どのような状況でもからだを対応させて素早く動かすことができます。しなやかな身のこなしで、筋肉隆々の大柄な男性を簡単に転がしてしまうのを見たときは驚きでした。

古武術ではからだを浮かすように歩いたり走ったりするのを「浮き身」、「居着かない」と言っています。居着かないためには、筋肉の緊張をほどき、骨身にまかせる必要があります。筋肉主体の考え方とは大きく異なります。

骨を使った「居着かない動き」は、多くの優秀なスポーツ選手の動作にも見ることができます。「居着かない動き」は古武術に限らず、スポーツ動作向上への入り口でもあるのです。

地面反力はからだの重さを利用する

ヒトが立った状態でいるとき、地面に向かって地球の重力が働いています。この重力に対抗して、地面から反対方向の上向きに働いているのが地面反力です。

例えば、地面に100キロの重力が加わった場合、地面から100キロの力が返ってきます。その結果、からだが宙に浮き、前に進んでいけるのです。これが地面反力です。うまく地面反力を利用できればスムーズでパワーのある動きが可能になります。

問題はその地面反力の利用の仕方です。陸上競技の指導者は、足をしっかり接地させることを重視し、「体幹を固め、頭から足先まで一直線のまっすぐな軸を作る」ことを指導します。これは力がからだの外に拡散されず、地面反力を受けやすくなると考えているからです。しかし、まっすぐな軸を意識すると、筋肉が緊張してしまい、姿勢は不安定になり、スムーズな動作にはつながりません。また、「足の親指で地面を蹴って地面反力をもらって走れ」とも教えます。しかし、このような動作を繰り返していると、地面とケンカしているからだは地面に負けてしまい、ケガの原因となります。これらは、正しく地面反力を得るための指導とは言えません。

では、地面反力を効率よく得るためにはどうすればよいのでしょうか。

手に持ったボールを地面に落とす状況をイメージして、地面反力を考えてみましょう。手に持ったボールを勢いよく地面からバウンドさせるためにはどうすればよいでしょうか。

ボールが手から離れる瞬間、強い力をボールに加えれば加えるほど大きくバウンドして跳ね返ってきます。これは、ボールに力を加えずに落とすよりも大きな地面反力が得られたからです。ボールは落ちていく強さに応じた地面反力を得てバウンドするのです。

このように地面反力を得るためには、その力は、実際にボールが地面に届くより前の時間に出されていなければならないのです。

こうした重力と地面反力の物理的関係が存在しているにもかかわらず、地面に着く瞬間にわざわざ別の力を加えてしまったらどうなるでしょうか。地面反力は十分に得られず、ボールもきちんとバウンドできません。

地面を蹴ることをこのボールと重ね合わせると、落下してくるからだの重さを、別の力である筋力を使って損なわせ、地面反力を得られにくくしていることになります。筋肉を鍛えても、からだの重さ以上の力を地面に伝えることはできませんし、からだの重さ以上の地面反力を受け取ることはできません。

効率よく地面反力を得るためには、筋肉の余分な緊張を取り除き、体幹をゆるめて柔軟性を高め、からだの重さを利用するのです。そして、筋肉を脱力させる分、からだの骨組みをしっかり使うことです。これが「骨身にまかせる」ということです。

腕を振るより体幹を前に進めれば速く走れる

「腕をしっかり振ってももを高く上げないと速く走れない」と小学生から陸上競技のトップアスリートまで、当然のように言われ続けてきました。今もそれを信じている人の方が圧倒的に多いと思いますが、本当にそうでしょうか。

片腕の重さは体重の約5％ですから、体重60キロの人で約3キロです。2リットルの大きなペットボトル以上の重さです。腕をしっかり振るということは、片腕で3キロ、両腕で6キロの重さの腕を振り続けていくということです。実際に20回、やや速い腕振りをしてみてください。終わった後に腕を回すと、腕は回しにくくなっています。肩周りの柔軟性は低下し、可動域は低下しています。

腕を大きく振ると、上体の肩甲骨、鎖骨が動き、重心がある骨盤に対して雑巾を絞るように体幹はねじられます。ももを高く上げることも同様に体幹がねじられます。これでは上半身と下半身の力が相殺されてしまいます。重い体幹を前に運ぶためには、さらに大きく腕を振って、ももを高く上げるのは、非効率な動作を増大させることになってしまいます。からだの小さな部分である腕や脚で、大きな部分の胴体である体幹を動かそうというのは合理的ではありません。腕を大きく強く振って走りのバランスを崩してしまうことも起きてしまいます。

前方に速く進むために重要なのは体幹が前に進むことです。そのためには体幹をねじらずに、重さを利用して前方に傾けて進んでいくことです。体幹をねじらないようにすると、肩甲骨、鎖骨、骨盤が一枚の板のようにつながり、一体となって動くことができます。からだの重さがうまく使えるようになり、体幹は自然と前に進みます。腕を意識的に振る必要がなくなり、腕は自然に振られるようになります。腕の重さもからだの重さと一緒に使えます。

脚も同様です。ももをしっかり上げる必要はなくなります。「脚の筋肉を強化することが走力アップにつながる」という発想そのものを見直すべきです。速く走るためには「からだの重さを利用し、その重さが前方にスムーズに移動していくこと」です。体幹を使って「倒れながら前に進んでいく」重心移動ができていれば、足は勝手についてくるのです。その流れにまかせて動かす感覚で十分に速く走れるのです。

「体幹を一枚の板のように動かし、腕の重さを利用すること」を上手に取り入れていたのが、シドニーオリンピックのマラソンで金メダリスト、高橋尚子選手です。彼女の腕の振り方は、両脇を締めて、肘から先の腕を左右に揺らすように動かすというフォームでした。私は「でんでん太鼓」と言っていますが、一般的に指導されているランニングフォームとは大きく違っていました。高橋選手は、意識して腕を振っていたのではなく、体幹（でんでん太鼓の太鼓や柄の部分）が先に動くことで、結果として腕（玉のついたひもの部分）が振られていたのです。しかも、腕をからだの前方で左右に振ることで、腕の重さも体幹が前に行くことに利用できたのです。

陸上のスーパースターだったカール・ルイスは、特徴のあるフォームでした。腕を強く振り、ももを高く上げているように見えますがそうではありません。走り幅跳びの踏み切り動作で培った腕や脚を振り降ろす瞬間に力を入れて（ON状態）、地面に着地した後はリラックスしていました（OFF状態）。その結果、地面反力をリードレッグ（振り上げる脚）や腕にうまく伝えて、前方に進む力やジャンプする力に変えていたのです。地面反力を取りこぼすことなく、きちんと使うべき「力」に変換できたすばらしい動作です。

鎖骨が動けばからだ全体が動く

動けるからだになるためには、体幹にある肋骨、鎖骨、骨盤周辺の可動域を広げ、土台となる体幹の柔軟性をアップすることが重要です。特に鎖骨は、腕の骨と背骨をつなぐ場所に位置するとても重要な骨であり、この一帯がスムーズに動かせるようになると、直接つながっている肩甲骨をはじめ、肋骨、骨盤にいたるまで、体幹の骨が一氣にほぐれていきます。

陸上短距離100メートルの世界記録保持者、ウサイン・ボルトの走りは、他のトップスプリンターと比べてもユニークで、体軸である背骨が左右にくねくねとぶれながら、肩が上下に波打つように進んでいくところに、最大の特徴があります。陸上競技の世界で指導されているように、「頭上から糸でつられているように体軸がまっすぐ伸びている」のではないのです。肩が上下に波打つことからもわかるように、体幹を固めてしまっているのでもありません。

ボルト選手のダイナミックな走りのポイントとなるのは、鎖骨です。体幹を固めていると、鎖骨は思うように動かせません。しかし、天性の柔らかさを持った彼のからだは、走るたびに鎖骨が上下に波打ち、さらにはそれにつられるように肋骨も自由な上下運動を繰り返します。

体幹がこれだけ柔軟に動けば、腕も自然と振られることになります。腕の付け根に当たる鎖骨が自在に動く過程で、腕が一氣に持ち上げられ、その重さを利用する形で真下に落ちるのです。例えば、2リットルのペットボトルを片手で持ち、顔の高さから落としたら、すごい力で地面にたたきつけられます。腕の重さを利用して、ただ上から下へ落とすように動かすだけで、ものすごい力の地面反力が得られるのです。

陸上短距離100メートルを9秒58という、驚異的な記録を生み出した秘密は、筋力ではありません。筋力をうまく使うために不可欠な、体幹のしなやかさとその土台となる骨の連動のスムーズさにありました。彼は体幹を自在に操り、腕を重りのように活用することで、爆発的な走りを手に入れていたのです。ボルト選手特有のフォームは、持病である「脊椎側彎症」と向き合う過程で生まれたものだとも言われていますが、それが事実ならば、彼の走りは、そうしたからだが自由に動かせない「制限」の中で成り立っていたことになります。

ボルト選手の全盛期の走りはすばらしかったのですが、その後、筋肉を強化する方向に行った後は、走り方が変わってしまい、ケガに悩まされることになりました。

他のスポーツ選手では、プロ野球のイチロー選手が鎖骨と肋骨をうまく使っていました。特にインサイドのボールを打つとき、とてもうまく鎖骨と肋骨を使っています。バッターボックスに入ったとき、いつものルーティンは左手で右の鎖骨を触っています。

サッカーのネイマール選手は体幹をしなやかに使い、鎖骨をうまく使ってターンします。メッシ選手も腕を前に出し、腕の重さを利用して鎖骨からターンします。

笑うと蝶形骨《ちょうけいこつ》がゆるみ横隔膜と仙骨の動きがよくなる

２０１９年、全英女子オープンゴルフで渋野日向子が優勝しました。ゴルフのメジャー制覇は日本人２人目の偉業です。

彼女はボールを打つときは真剣な表情になるのですが、ラウンド中は笑いながらお菓子を食べ、リラックスした表情でした。観客の声援にもにこやかに手を振って応えていました。お母さんから「何があっても笑顔だよ」と言われていたそうですが、笑顔でいることは、からだを動かすことにとっては「極意」とも言えることなのです。私も骨ストレッチの指導のときは「笑顔でやりましょう」といつも言っています。

笑顔は、メンタル面では苦しさが楽しさに変わります。骨の動きでは、笑顔になると蝶形骨がゆるみ、横隔膜がゆるんで、仙骨の動きがよくなります。この３つは連動しています。

蝶形骨は蝶の形をした頭蓋骨のひとつです。眼の奥にあって脳を支えています。横隔膜は体幹にある最も大事なインナーマッスルです。これがゆるむと呼吸は楽にゆっくりになり、からだの緊張も取れます。仙骨は尾骨のすぐ上にある骨盤の骨でからだの中心にあります。仙骨の動きがよくなれば、仙腸関節、股関節の動きもよくなり、スイングもスムーズになります。渋野選手のスイングは体幹を一枚の板のように使ったよどみのないスムーズなスイングです。

眉間にしわを寄せ、足を踏ん張っていては、からだの動きもゴルフスイングもよくなりません。

2　脳とからだの重要な関係

達成感を求める脳にだまされるな

「筋トレをして筋力をつけないと、よいパフォーマンスができない」と信じているスポーツ選手は多いと思います。筋力トレーニングをしないと記録が伸びない。よいパフォーマンスは上がらないという恐怖感もあると思います。筋力トレーニングが終わった後は疲労感もあり、確かな達成感があります。「これだけやったのだから効いているに違いない」という満足を脳は感じています。しかし、からだはどうでしょうか。本当にそれでよいと感じているでしょうか。

マッサージも同じです。強い刺激を求めておこなうとそのときは達成感があって、効いたように感じますが、翌日になるとからだのあちこちに痛みがあることがあります。これは、からだはもっとやさしいマッサージを望んでいたのにもかかわらず、脳が強いマッサージを求めた結果です。筋肉は強いマッサージでも軽い炎症を起こしてしまいます。脳の達成感にだまされず、からだの声をよく聞いてください。

骨ストレッチが今までのストレッチや筋力トレーニングと大きく異なる点は、「からだに効いている」という達成感があまりないことです。「これで効いているのかな?」と思うくらいです。

スポーツが「つらくて苦しい」より、「おもしろくて楽しい」という意識の方が、筋肉の緊張はほどけ、パフォーマンスもアップします。何かを手に入れるのではなく、いらないものを捨てる。力を入れるのではなく、力を抜く。こうした意識の転換によって、脳が固定観念から解放されて自由になります。そしてからだの動きのパフォーマンスも大いに高まります。

重さの体感はイメージで違う

目をつぶってあおむけになり、リラックスした状態で、「頭の重さが100キロ、腕や足の重さがそれぞれ50キロ、体幹が200キロになった」とイメージしてみてください。こんな簡単なイメージをするだけで、からだはずっしり重くなり、持ち上げようとしても持ち上がりません。逆に、「からだ全体が1キロに満たない軽石になった」とイメージすると、今度はうそのようにからだが軽くなり、ひょいと持ち上げられてしまいます。物理的なからだの重さや筋肉の量と関係なく、イメージだけで、体感的な重さは変わってしまいます。イメージの力はこのように大きなものなのです。

酔っぱらって寝てしまった人を介抱しようとしても、なかなか持ち上げられないという体験をした人は多いと思います。これは泥酔することで顕在意識が失われ、それまで抑え込まれていたからだの重さが発揮されるようになるからです。

あなたの手で相手の腕を支えた状態で、「腕の力を抜いてください」と言って、そのあと不意に手を外しても、相手の腕はそのままであることが多いのです。本当に力が抜けていれば、だらんと落ちるはずです。このだらんと落ちる力が、腕の重さなのです。これは脳が過剰に働くことで腕の状態を維持しているのです。リラックスしようとしても、実際には無意識に緊張を続けていることがよくあります。骨ストレッチでは、「親指と小指で骨をつかんだり、押さえたりする」という簡単な方法で、からだの無駄な力を抜き、脱力することを実感できますが、意識的に脱力することは難しいのです。

「筋肉を大きくしないと強くなれない」と本人が思っている限り、筋肉は必要なものであり続けます。ケガをしようが、動作に支障が出ようが、筋力トレーニングを続けることになるでしょう。意識の転換が必要です。

骨の動きをイメージする「内観力」でからだの動きは変わる

「内観力」とは、見えないからだの内部の動きをイメージしてそれを動かしていく力です。

野口体操の基本動作では、腰からゆっくりと起き上がっていくときに、背骨の動きを意識することをしました。骨の動きを意識することで、実際のからだの動きも意識したとおりになっていきます。

骨は見えませんが、からだの内部で骨が動くことを意識するイメージをすることで、からだの動きの質は大きく変わります。

私は骨ストレッチの講習会で、「体幹にある肋骨の1本1本がボートのオールで、複数のオールを動かすイメージで肋骨を動かすこと」と指導することがあります。肋骨周辺の体幹の筋肉の緊張がゆるんでくると肋骨の1本1本が自在に動くようになり、鎖骨、肩甲骨、骨盤との連動性が飛躍的にアップします。

骨盤の仙骨の先端にある尾骨の動きをイメージしてもらうこともあります。ふだんの生活で尾骨を意識することはありませんが、動物のしっぽに当たる尾骨が動くのをイメージできると、走る動作は大きく変わります。尾骨を意識して、細い棒で尾骨を後方から押されるイメージで歩いてみてください。スーッと楽に前に進んでいけるのが感じ取れるでしょう。

私はこの感覚を発展させて、「肩甲骨を鳥の羽、尾骨を動物のしっぽとイメージして走る」ように指導しています。骨ストレッチで体幹の柔軟性を高めていくと、骨の連動性が高まりダイナミックに動きます。このイメージで見えない羽としっぽがついたような感覚で走れるようになります。

私たちのからだの内部では、骨と筋肉が複雑に連動して動き、ひとつの動作を生み出しています。目に見えない骨の動きを感じ取る内観力はとても重要です。

脳はウソをつくがからだは正直

脳を人体の司令塔と一般的には認識されていますが、脳は判断ミスを犯し、よけいな葛藤や混乱を生み出してしまうことがしばしばあります。

こういった脳の働きを制御しないと、思うようにからだが動けるようにはなりません。ここちよく動きたいというからだの欲求を、脳が抑え込んでしまっていることはよく起こることです。

私たちのからだは違和感、不快感を発することで、私たちに「そのやり方はおかしい」と教えてくれているのにもかかわらず、脳はこうした感覚的なものよりデータを信じようとする傾向があります。データをいくら集めても、からだの声を知ることはできません。認識し、判断するのは脳の仕事ですが、それはからだに起きた、からだが感じたことを受けてのものです。脳は事後処理するために働いているのであって、からだの働きそのものを能動的にコントロールしているのではないのです。

からだの声を聞く習慣をつけていくと、頭で考えていることとからだで感じていることの間には、自分と他人くらいのギャップがあることが感じられるようになります。私たちは、それくらいちぐはぐなのです。このギャップを埋めていかない限り、思いどおりのからだの動きを手に入れるのは難しいのです。

アスリートが試合でミスをすると、コーチは「よく考えろ」と言います。しかしアスリートの目標は、なにも考えずにその状況に応じて、自然にからだが最適な動きをしていくことです。そのために多くの時間をかけて練習をしているのです。

プレー中に考えてばかりいたら思うような動きができないことは、スポーツをしたことのある人ならば誰もが実感していることでしょう。にもかかわらず、思うようなプレーができないと、人は「なぜだろう」と頭で考えます。

考えてもわからないときは、いろいろなデータを集めて問題を解決しようとします。そうやって必死に努力をして、脳を満足させようとするのです。からだがどう感じているか。ここちよいと思っているのか。不快だと思っているのか。このようなシンプルな問いかけすら、脳は必死に拒もうとします。こうしたからだの欲求に、素直になってみることが必要なのです。そのために、これまでとは少し違った発想を取り入れてみましょう。

脳ができないと判断すれば、実際にできることもできなくなります。ダメだと思った瞬間に筋肉は硬直し、自然な動きは制限されます。しかも、できない体験をすることで、「やはりダメだった」と、脳による正当化が始まります。できないと思っていることは、本当にできないことなのか、自分がそう思っているだけなのか。ありえないと思っていることは、本当にありえないことなのか、そう思っている根拠はどこにあるのか。それは絶対のものなのか。ひとつひとつ問いかけていくことが大切です。こうした問いかけの答えは、誰かに教わるものではありません。あなたの「體《からだ》」がすべて知っています。脳はウソをつきますが、からだは正直です。からだはウソをつくことができません。

「ここちよく動けるからだ」が体感できるようになったら、そこで感じた楽しさを、脳にインプットしてあげてください。こうした感覚を取り戻していくうちに、脳もその価値を理解し、からだを助けてくれるようになります。もっとここちよくからだを動かしたいというあなたの欲求を実現させようと、脳はもっとポジティブなことを考えるようになっていきます。

3　骨を使って立つ

背骨を伸ばす、軸を意識する、体幹を固めて立つのはよくない姿勢

スポーツの前に日常生活を快適に過ごすためには、ふだんの立ち方、姿勢を見直し、その延長で歩き方も見直すことが重要だと思います。

背筋がピンと伸びた姿勢が「よい姿勢」とされていますが、これはからだのあちこちによけいな力が入っていて、緊張を強いられる不自然な立ち方です。エネルギーをロスしてしまっています。

頭の上から糸でピンとつられた「軸を意識する」姿勢がすすめられることがありますが、このやり方で実際に立ってみると、見た目はすらっと美しく見えるかもしれませんが、肩の周辺は固まってしまって腕は回しづらくなってしまいます。

また、体幹を1本の棒のように固めた立ち方がすすめられることがあります。この姿勢も腕を回すとからだが硬化していて、満足に回すことができません。

これらの立ち方は、からだのしなやかさが奪われてしまい、よい姿勢とは言えません。見た目の「よい姿勢」にこだわり、その状態を維持しようとすると、からだのあちこちの筋肉がどんどん緊張していってしまいます。

これらの立ち方をして、パートナーに横から手で押してもらってください。左右どちらからでも、軽く押されただけですぐにからだがぐらつき、まっすぐに立っていられません。本人は姿勢をよくして、しっかり軸を作っているつもりでも、実際にはとても不安定でバランスの悪い状態であることがわかります。

胸を張って腰を反らす姿勢は危険

「胸を張って腰を反らす」姿勢も一般的にはよい姿勢と言われています。しかし、わずかに腰を反らし、骨盤を前傾させただけで背中や腰の筋肉が緊張してしまい、スムーズに腕は回りません。

腰が反った状態で歩き始めると、足を地面につける際に足の指が広がってしまい足の指をうまく使うことができないという問題が起こります。これはももの前側やふくらはぎによけいな力が入るために起こることで、ブレーキをかけるときのからだの反応です。

実際に、骨盤の前傾を意識してトレーニングをすることで、足裏の筋肉（足底筋）を痛めてしまうランナーが多くいます。しかも、「足の指や足底筋が弱いからだ」と指導者に言われ、負担のかかっている部位を、逆に強化するようになります。根本原因であるはずの骨盤の前傾には目が向けられないまま、さらに足裏を酷使させられ、からだのバランスをどんどん崩してしまっていることがとても多いのです。

足の指はうまく使えることが重要です。うまく使えなければ、足裏が本来持っている地面に体重をしっかりと乗せる動作も難しくなります。自然な重心移動ができなくなるため、親指で地面を蹴らないと前方に移動できなくなってしまうのです。親指で地面を蹴ることはブレーキの動作ですから、スムーズな走りを妨げる要因になってしまいます。

骨盤を前傾させるというたったひとつの行為が、背中、腰、膝、ももの前側、ふくらはぎ、足の裏へと影響を及ぼしていき、全身のバランスが崩れていきます。ここちよい、スムーズなからだの動きからどんどん遠ざかっていくことになるのです。

ダブルTで立つと「脱力のできた自然体」ができる

よい立ち方とは「脱力のできた自然体」です。押されても姿勢が崩れず安定した姿勢です。骨ストレッチでは「ダブルT」で立つことで、「脱力のできた自然体」をつくります。これを身につければ、安定して立ち、自然な動作で歩き、走ることができます。日常のそれぞれの動作は切り離されるものではなく、よい立ち方が基本になり、よい歩き方、よい走り方、よい動作を生むのです。すべてが同じ原理の基で成り立っているのです。

ダブルTの立ち方を実際にやってみましょう。

A4の大きさの紙を2枚用意し、それぞれの紙いっぱいに2センチ幅ぐらい大きなTの字を書いて、これを床に敷きます。それぞれの足のくるぶしの両端を結んだラインをTの横の線上に置き、中指をTの縦の線上に置き、力を抜いてまっすぐ立ちます。こうするとT字の交点にからだ全体の重心点が来ます。からだの重さがこの重心点の上の鉛直線に集中します。このことで無駄な筋力を使わずにからだの骨組みだけで立つことができるのです。

このダブルTの立ち方ができたら、左右の腕をそれぞれ後方に回してみてください。とてもスムーズに大きく回せることが確認できます。前屈をすると、からだが違和感なく自然に曲がります。

骨ストレッチ講習会では、からだの固い人がこの立ち方をすると両手がピタッと床についてしまうことがよく起こります。女性やお年寄りがダブルTで立つと、大柄な男性が横から強く押しても、安定していて姿勢は崩れません。立ち方を変えるだけで、からだの柔軟性や安定性は簡単に変わってしまうのです。

ダブルＴの立ち方

◀

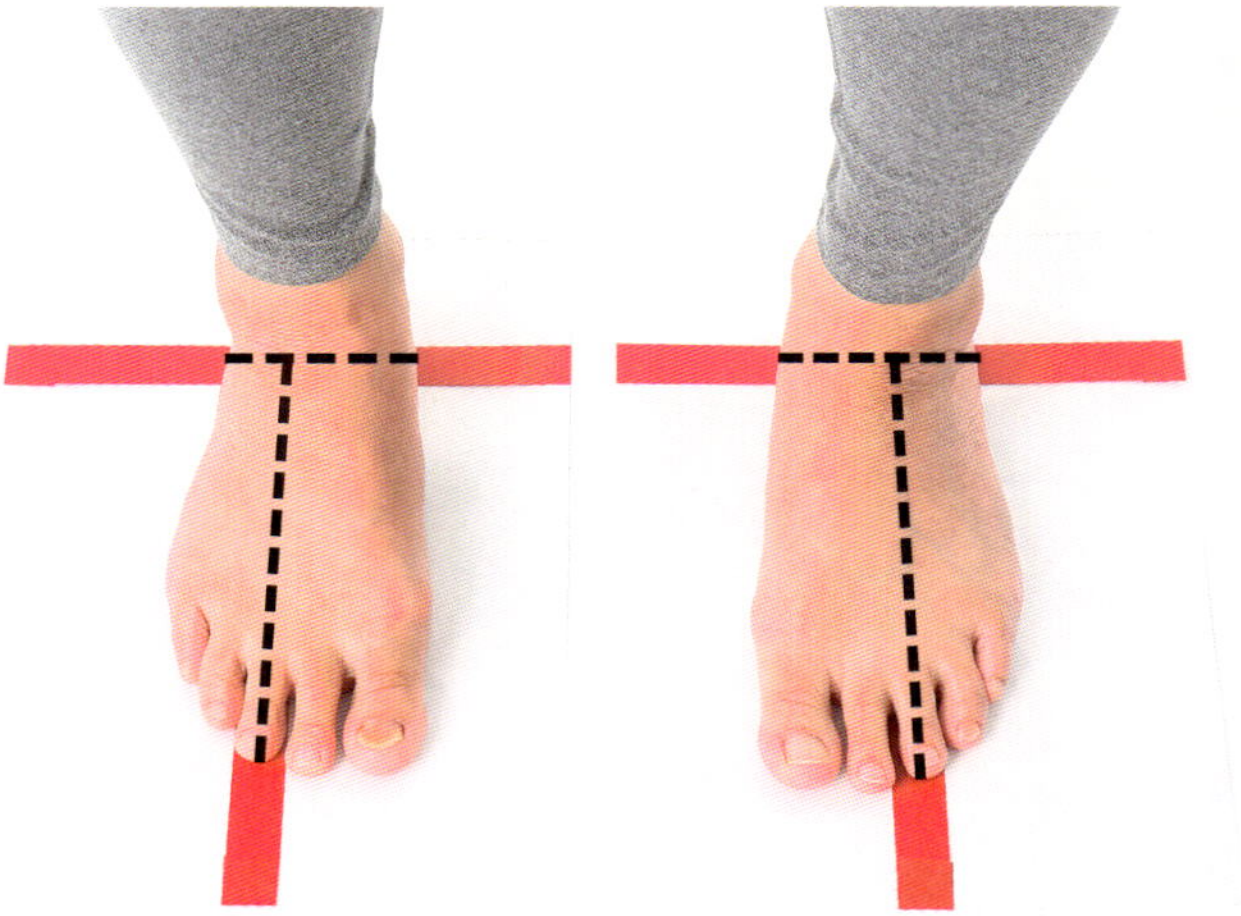

横のラインは両方のくるぶしの下に、縦のラインは中指の下に置く。

ダブルTで立つと安定する、力が出せる、すぐに次の動作ができる

ダブルTで立つと立っているだけでここちよく、しかもどっしりした安定感を得られます。からだに無駄な力が入りません。背骨と土踏まずが自然に湾曲した「アーチ構造」が形成され、重いからだを支える土台ができます。無理に背骨のアーチを作ろうとしなくても、ダブルTで立つだけで、背骨のアーチは自然にできあがります。からだの軸を作ろうと意識しなくても自然に姿勢は安定します。

踏ん張るより踏ん張らない方が力が出せることを実感するには、「ダブルT」でA４の紙の上に立って、普通の姿勢で立った相手とそのまま腕相撲をしてください。敷いた紙がくしゃくしゃにならないように意識するだけで、自然に踏ん張る力が抜けていき、力が出せるようになります。女性やお年寄りでも、腕力の強い人の力をどっしり受け止めることができます。このとき、足の裏の感覚は地面にフワッと立っていて、からだ全体の重心は丹田に感じます。

また、足の位置を前後に少しずらして、相手の手のひらをパンチしてみてください。ふだんよりもはるかに強いパンチが打てるようになります。踏ん張らなければ大きな力が出せるのです。

もちろんこれは筋力によるものではありません。筋力が無駄な緊張から解放され、骨とからだの重さを利用することができた結果です。

「ダブルT」で立つと安定するだけでなく、すぐに次の動作に移る「居着かない動き」もできるようになります。この動きができると、地面を蹴ったり、踏ん張ったりする動作は地面とケンカし、エネルギーを浪費して、からだのパワーを逃がしていたことが実感できるようになります。

第3章　骨ストレッチのエクササイズ

この章では実際の骨ストレッチのエクササイズを解説します。骨ストレッチのエクササイズはいくつかのバリエーションがありますが、本書で掲載するのは、本書出版時点での最新、最適なエクササイズです。また、第3章の章末（146ページ）には、骨と筋肉の図解イラストを掲載しました。参考にしてください。

骨ストレッチのエクササイズをおこなう際には、次に掲げるポイントに注意しましょう。これは基本エクササイズ、スポーツエクササイズ、リラックスエクササイズのすべてに共通です。

1. こまめに骨ストレッチを続けること。
こまめに続けることでからだはある段階から大きく変わって柔軟になって動きがよくなります。

2. 笑顔で骨ストレッチをおこなうこと。
笑顔は脳にもからだにもよい影響を与え、骨ストレッチの効果はより向上します。

3. できるだけ正しいやり方で骨ストレッチをおこなうこと。
写真をよく見て注意するポイントに氣をつけておこないましょう。

さあ、骨ストレッチで、いつでも動けるからだに整えていきましょう。

1

骨ストレッチの基本エクササイズ

■ 親指と小指の基本ポーズ

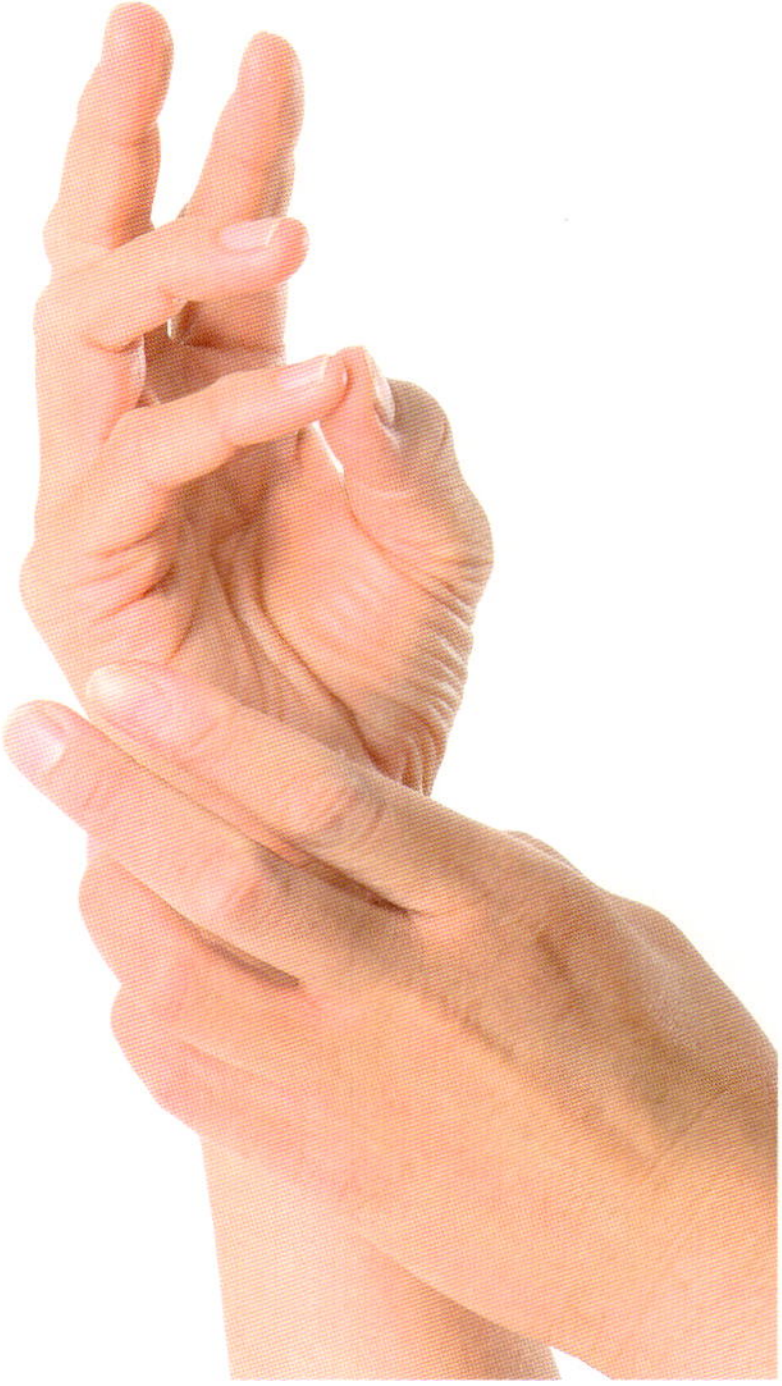

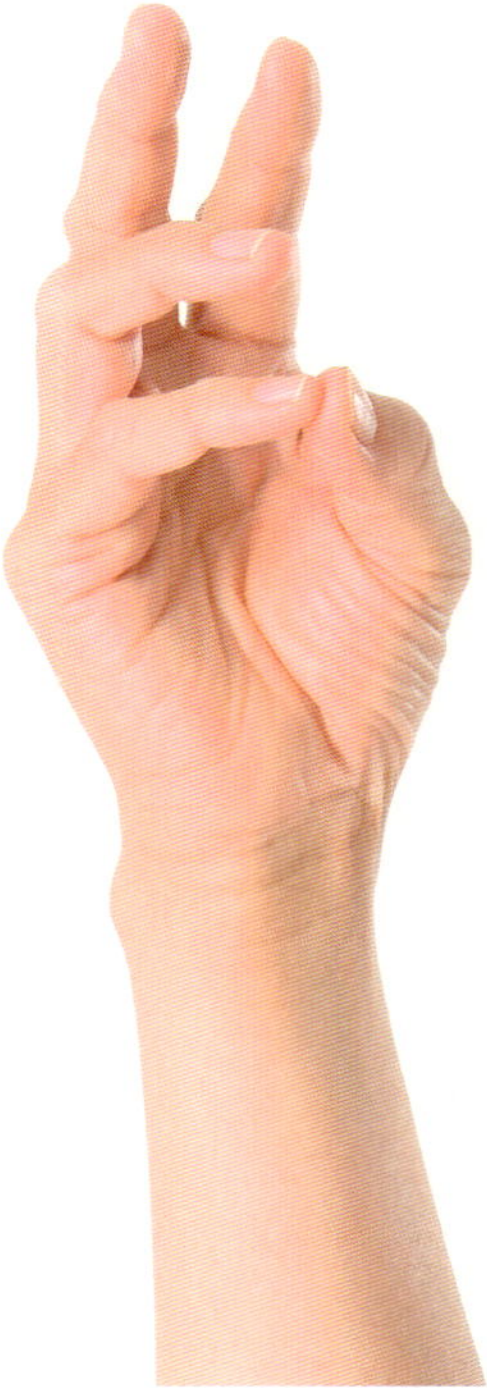

1. 片方の手の親指の先と小指の先をつないで輪をつくる。
2. もう片方の手の親指と小指で、輪をつくった手の手首の出っ張っている骨をつかむ。

- 足首のくるぶし、肘、膝の骨が突き出ている両側の骨が出っ張っているところをつかむこともある。
- 右手と左手をかえておこなう。
- 親指と小指でU字形をつくって、からだの表面をさすることもある。

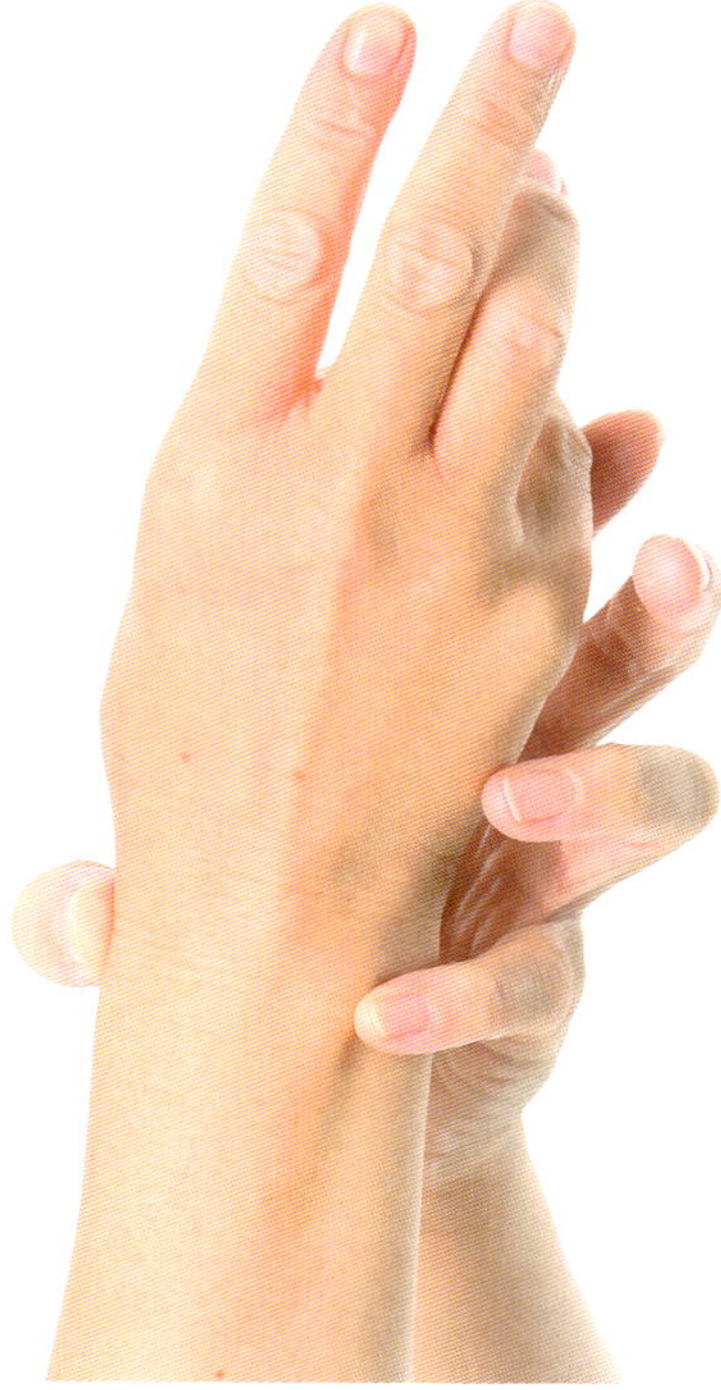

手首の骨をつかむ親指と小指

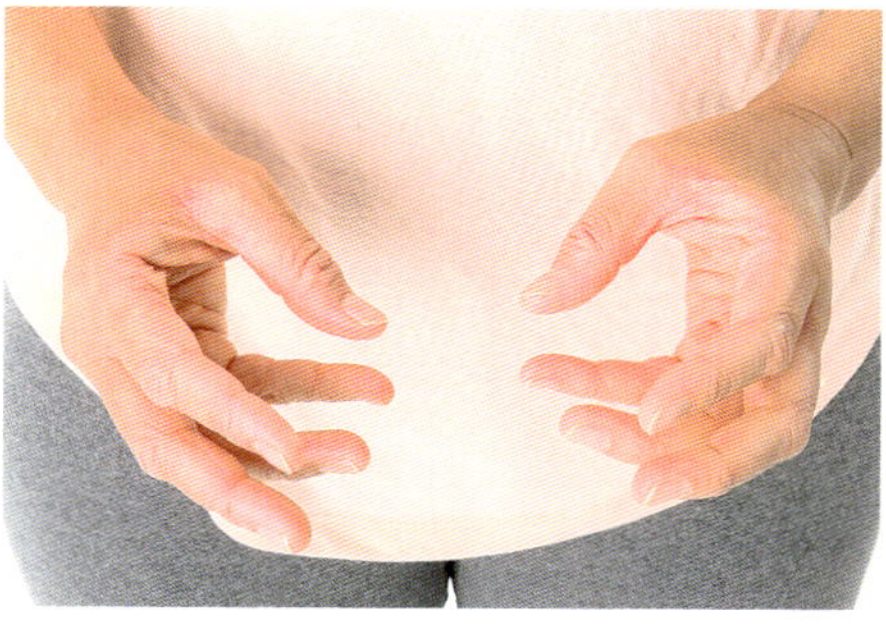

親指と小指でつくるU字形

1 手のひら返し

1. 両手の手のひらを上に向け、前腕を前に出して肘を 90 度に曲げる。
2. 両手の手のひらをひっくり返して下に向ける。

- 肩関節が内側に動くことで、肩のよけいな力が抜けて腕と体幹が連動するようになる。鎖骨も動きやすくなる。
- 日常作業からスポーツまで、肩の力を抜きたいとき、緊張をほぐしたいとき、いろいろな動作の始動時におこなう。

側面

2 手首ブラブラ

1. 右手の親指と小指をつなぐ。
2. 左手の親指と小指で右手首の出っ張っている骨をつかむ。
3. 手首、腕、肩の力を抜いて、右手手首を左右に動かしてブラブラさせる。肘を脇から離して肩の力を抜くとよい。慣れてくると手首を速くブラブラ動かせて効果的。

- 20 回。左右の手をかえて 20 回。
- 鏡でチェックすると、ブラブラさせている手首だけでなく腕、肩も動くのがわかる。からだ全体がほぐれると脚まで振動は伝わる。
- いすに座っておこなってもよい。
- 手首、腕、肩、体幹がほぐれ可動域が広がる。肩こりの緩和。

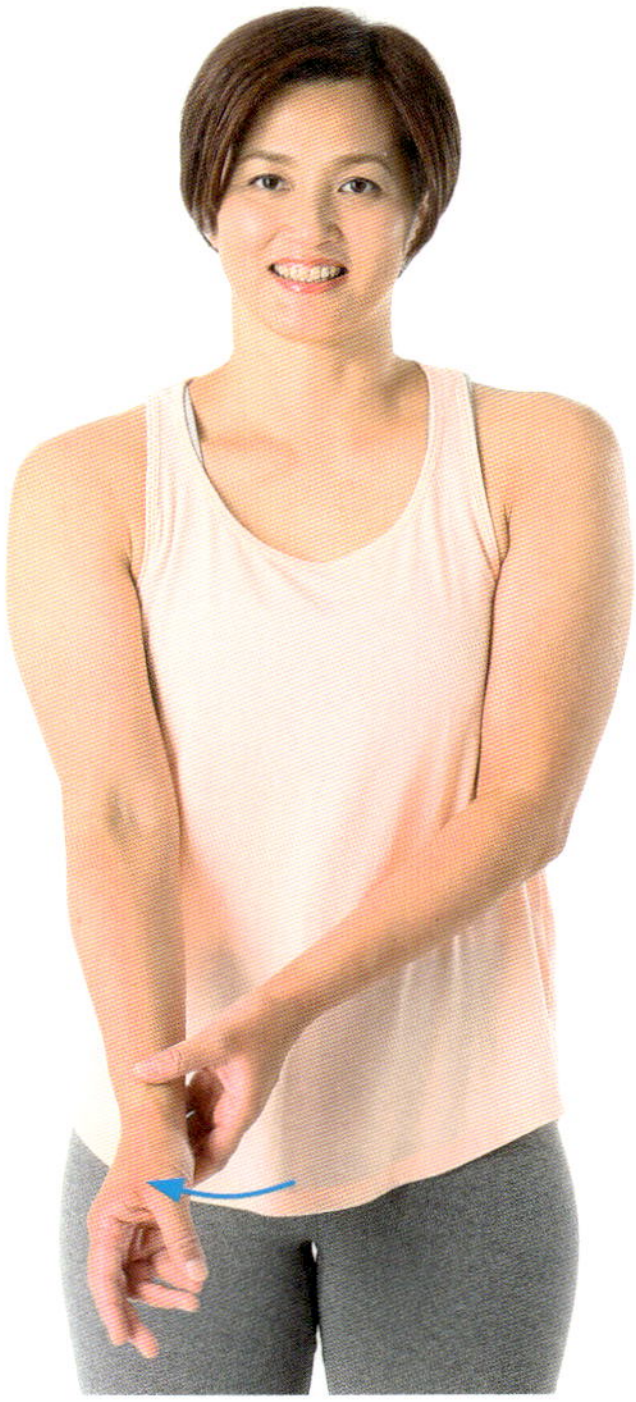

3 手首首回し

★ 首が大きく動くので注意。いすに座っておこなう方がよい。
1. 右手の親指と小指をつなぐ。
2. 左手の親指と小指で右手首の出っ張っている骨をつかむ。
3. ゆっくり首を回す。
- 左回り、右回り各５回。左右の手をかえて各５回。
- 首、肩、体幹がほぐれて可動域が広がる。

肘首回し（手首首回しのバリエーション）

★ 首がいつもより大きく動くので注意。いすに座っておこなう方がよい。

1. それぞれの手の親指と小指で肘の骨の出っ張っているところをつかむ。
2. ゆっくり首を回す。

- 左回り、右回り各５回。左右の手をかえて各５回。
- 首、肩、体幹がほぐれて可動域が広がる。

4 手首肩甲骨伸ばし

前面

側面

★ もも前の筋肉（大腿四頭筋）に力を入れないでおこなう。いすに座っておこなうと、もも前の筋肉が使えないので効果的。

1. 足を腰幅に開き、両足を並行にした後、右足先を 45 度以上内側に閉じる。こうすると下半身が回らなくなり効果的。
2. 右手の親指と小指をつなぐ。
3. 左手の親指と小指で右手首の出っ張っている骨をつかむ。
4. 右肘を直角に曲げ、右上腕は肩のラインと同じ高さで水平にし、からだの側面にセットする。右肘と右上腕の角度は直角になる。
5. 右肘と右上腕の直角を維持したまま後ろへ大きく引く。右肘と右上腕の角度は直角のまま。左腕は伸ばして左肩甲骨を前に引き出すように。顔は少しだけ回る。

- 10 回。左右をかえて 10 回。
- からだが硬くて肩甲骨が動かない人は、回した側の手を見るとよい。
- 腕、肩、体幹がほぐれて可動域が広がる。

5 手首背伸び

1. 右手の親指と小指をつなぐ。
2. 左手の親指と小指で右手首の出っ張っている骨をつかむ。
3. 右手を右耳の横から後ろ側で軽く上に伸ばす。
4. 右手指先を真上に向けて、天を突くように勢いよく肘を伸ばす。右肩も上に動く。下半身は使わないので膝は少し曲がったまま。

- 10 回。左右の手をかえて 10 回。
- 腕、首、肩、体幹がほぐれ可動域が広がる。
- 関節のつまりが取れて背が伸びることもある。
- いすに座っておこなってもよい。

膝は少し
曲がったまま
膝は少し
曲がったまま
側面

手首背伸び（背を反らすバージョン）

◀

1. いすに座り、右手の親指と小指をつなぐ。
2. 左手の親指と小指で右手首の出っ張っている骨をつかむ。
3. 右手を右耳の横から後ろ側で軽く上に伸ばして背を少し反らす。
4. 上体を後ろに反らす。
● 10 回。左右の手をかえて 10 回。

6 鎖骨ひねり

★ もも前の筋肉（大腿四頭筋）に力を入れないでおこなう。いすに座っておこなうと大腿四頭筋が使えないのでより効果的。

1. 足を腰幅に開き、両足を並行にした後、右足先を 45 度以上内側に閉じる。こうすると下半身が回らなくなり効果的。
2. 肘を下向きにして、親指は下側から、小指は上側から同じ側の手で鎖骨をつかむ。
3. 顔を正面に向けたまま上半身を右側にひねる。

- 10 回。左右をかえて 10 回。
- 鎖骨が動くと肩甲骨、肋骨、骨盤も連動して動く。体幹がほぐれて可動域が広がる。

7 足首回し

◀

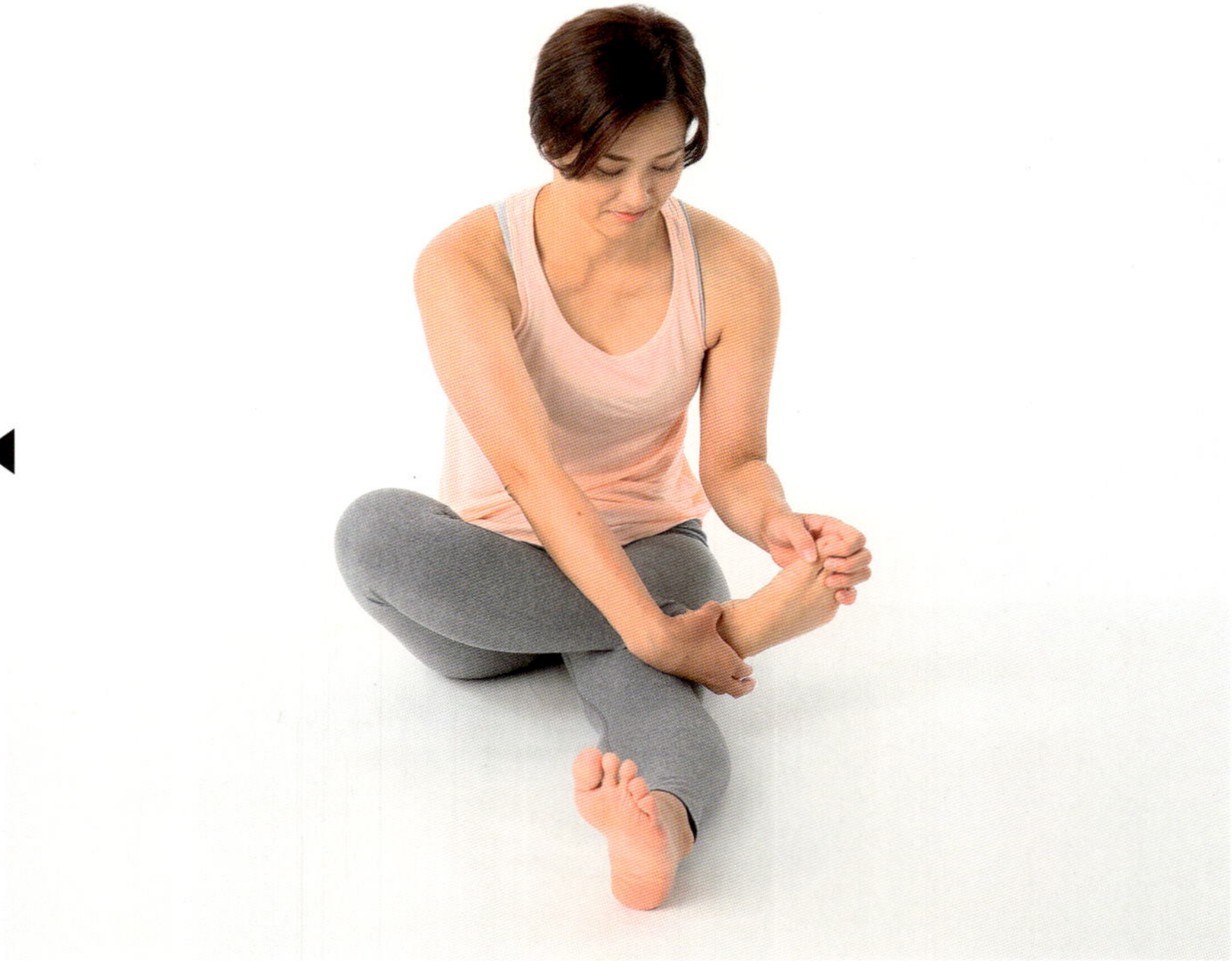

1. 長座をして、右膝を曲げて右足を左太ももの上に乗せる。
2. 右手の親指と小指で右足首のくるぶしをつかむ。
3. 左手で右足先を持って右足首を回す。

- 左回り 10 回、右回り 10 回。足をかえて回す。
- いすに座っておこなってもよい。
- 足首、ももの内側の筋肉（内転筋）がほぐれる。

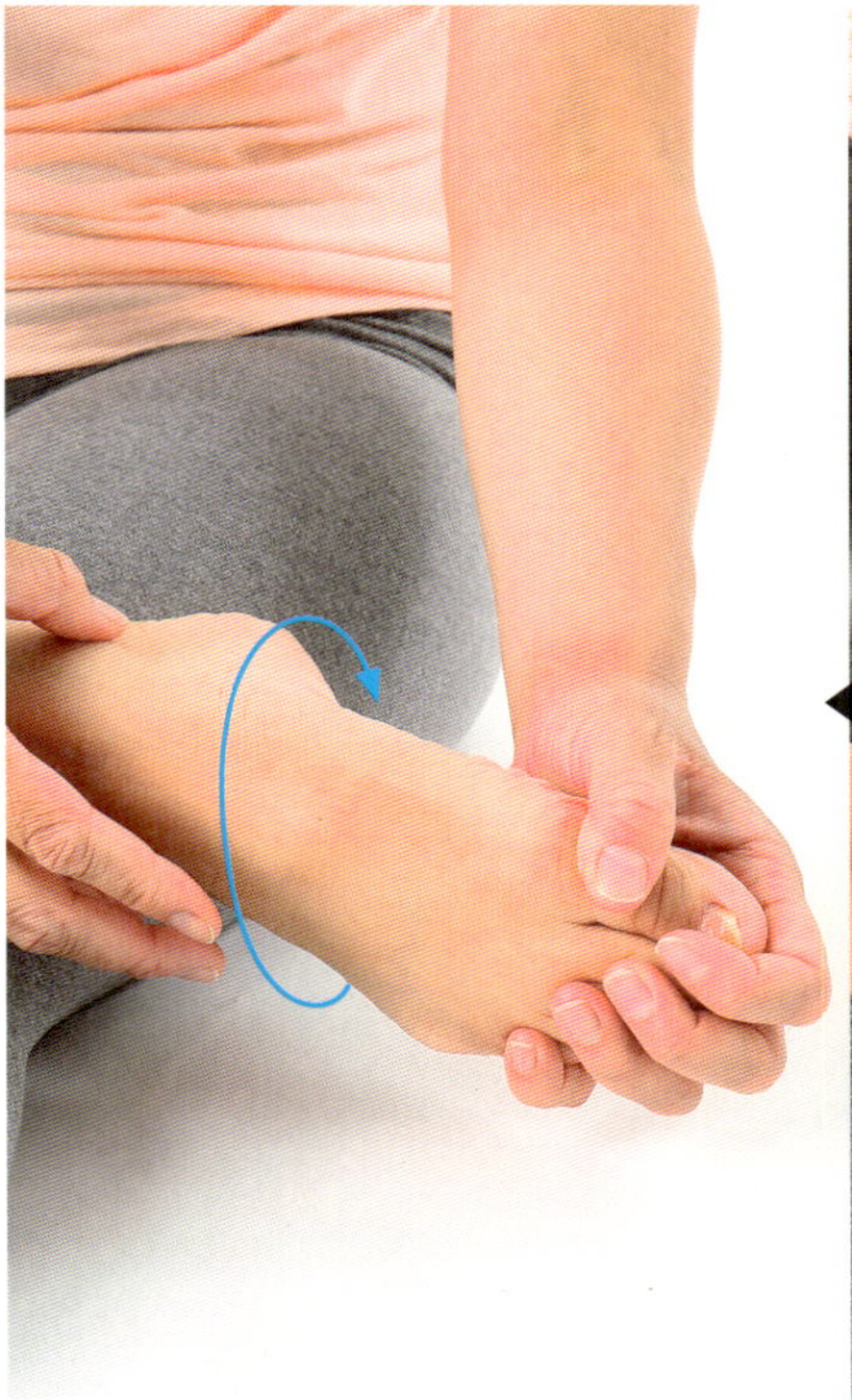

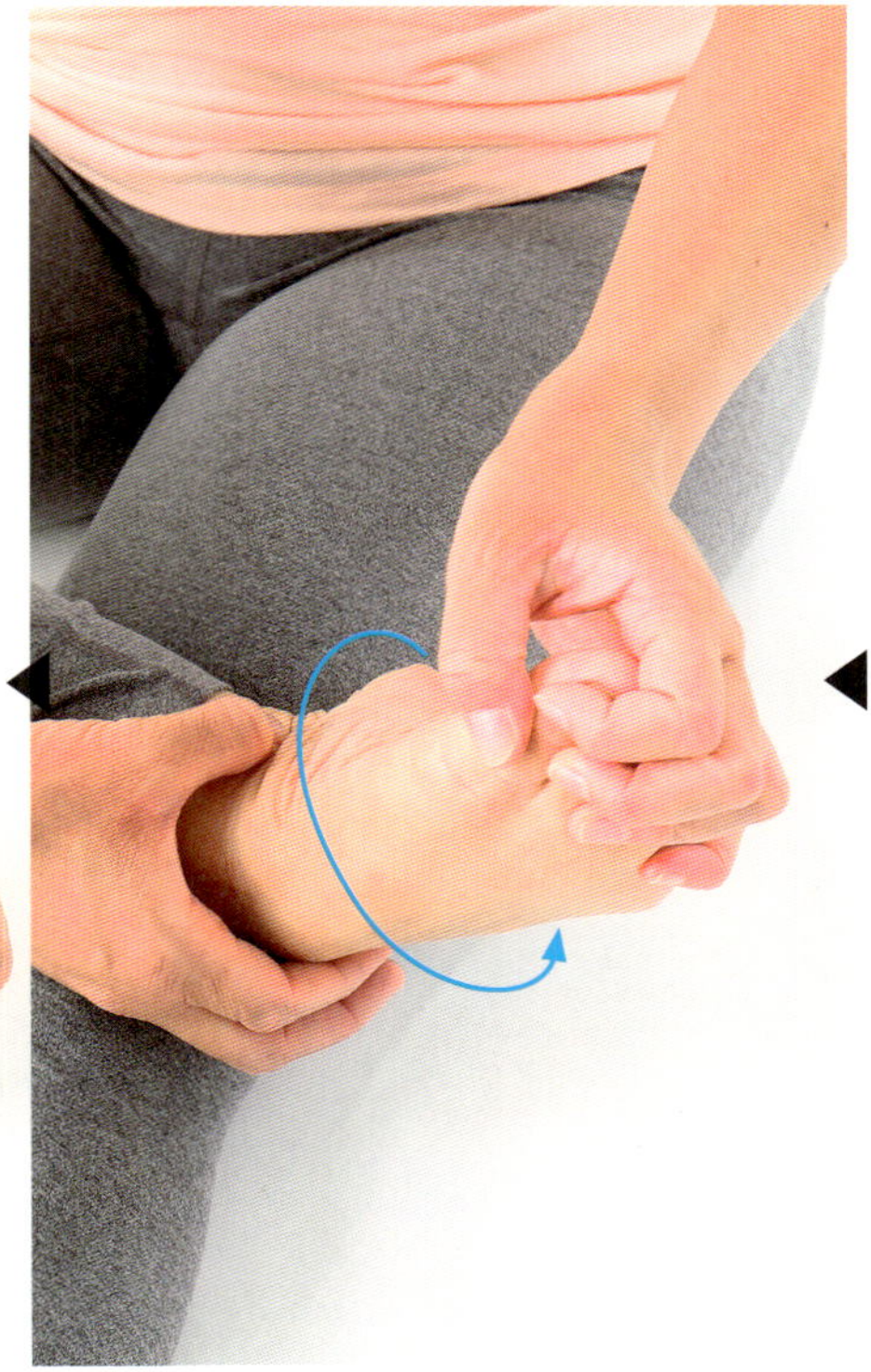

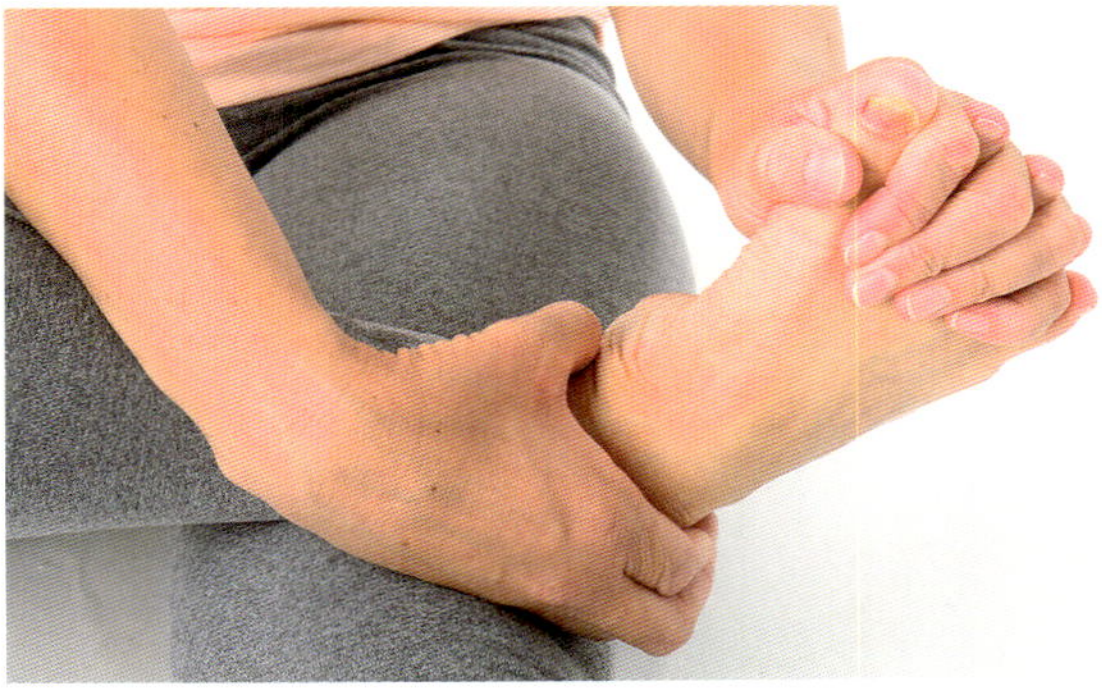

足の指の間に手の指をはさんで足首を回すとさらに効果的。

8 肋骨ほぐし

通称「まぐろの中落ちストレッチ」。

1. 両手の親指を立てて、残りの指で拳をつくる。
2. 同じ側の手の拳の第 2 関節のぐりぐりで、肋骨の間の肉をこそげ落とすように強くゴリゴリとマッサージする。痛いくらいの強さで。

- 20 回～ 30 回。
- 肋骨の筋肉の前鋸筋（146 ページ参照）がほぐれる。

肋骨ほぐし（横向きバージョン）

- 肋骨ほぐしを横向きのポーズでおこなうとさらに効果的。
- 体幹を鍛えて固めている人ほど痛みがあるが毎日続けていくと痛みはなくなる。
- 背中側もマッサージすると効果的。

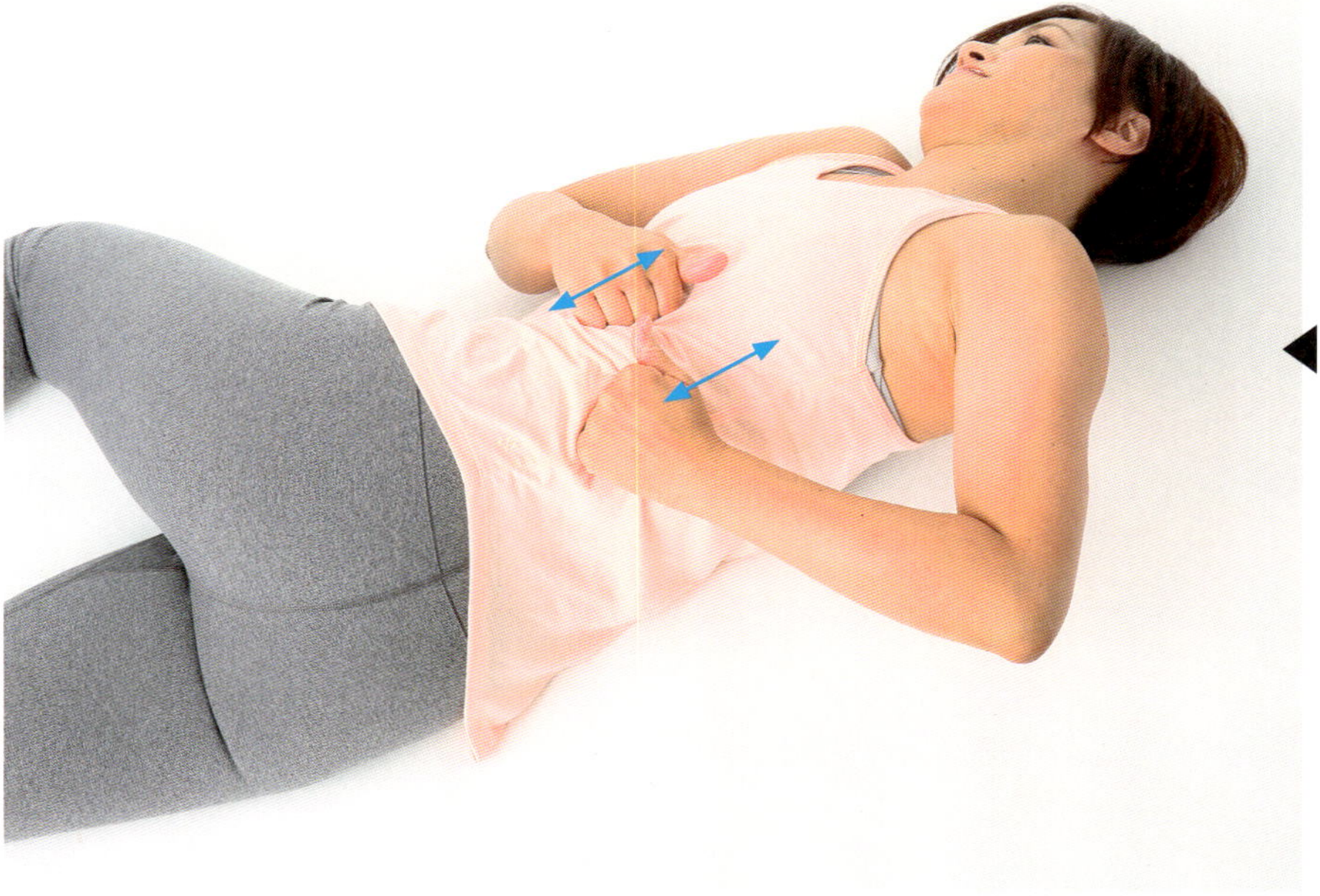

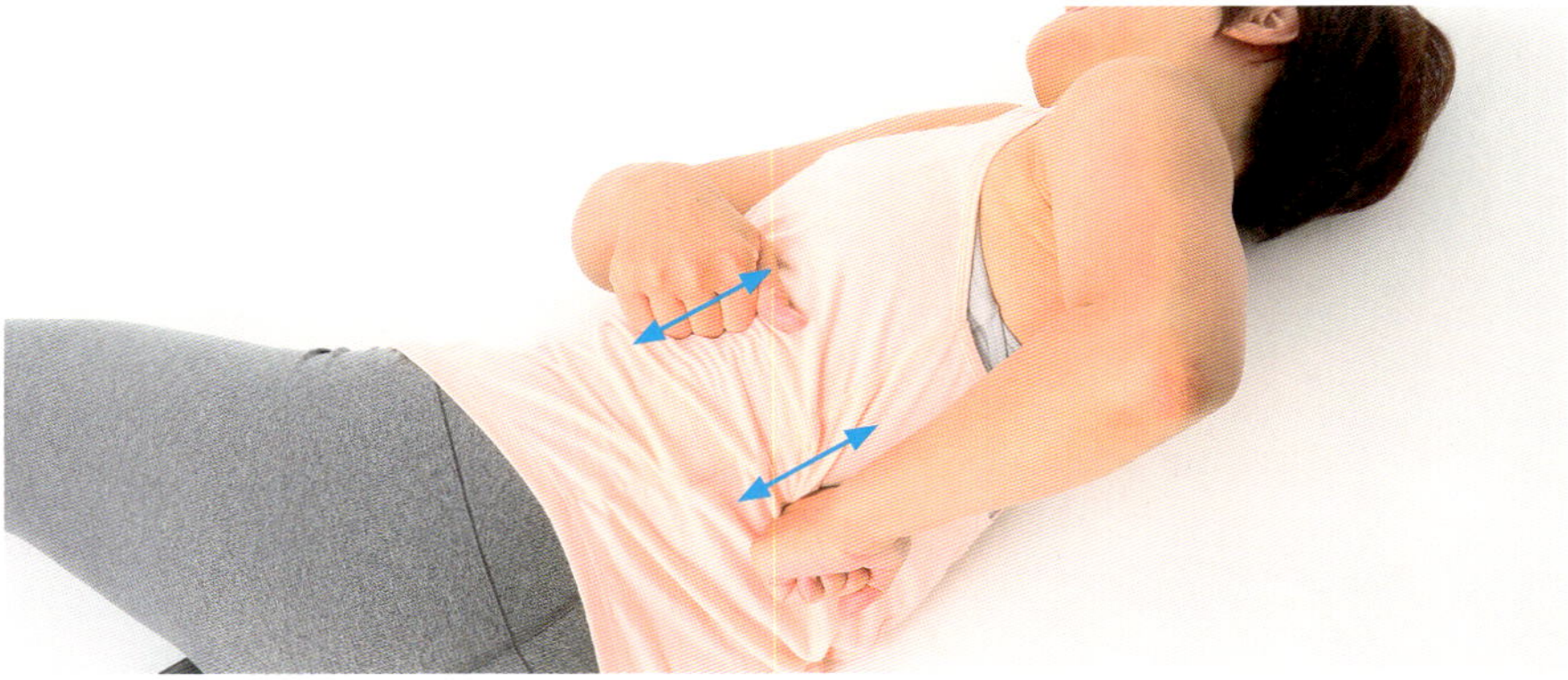

9 腸ほぐし

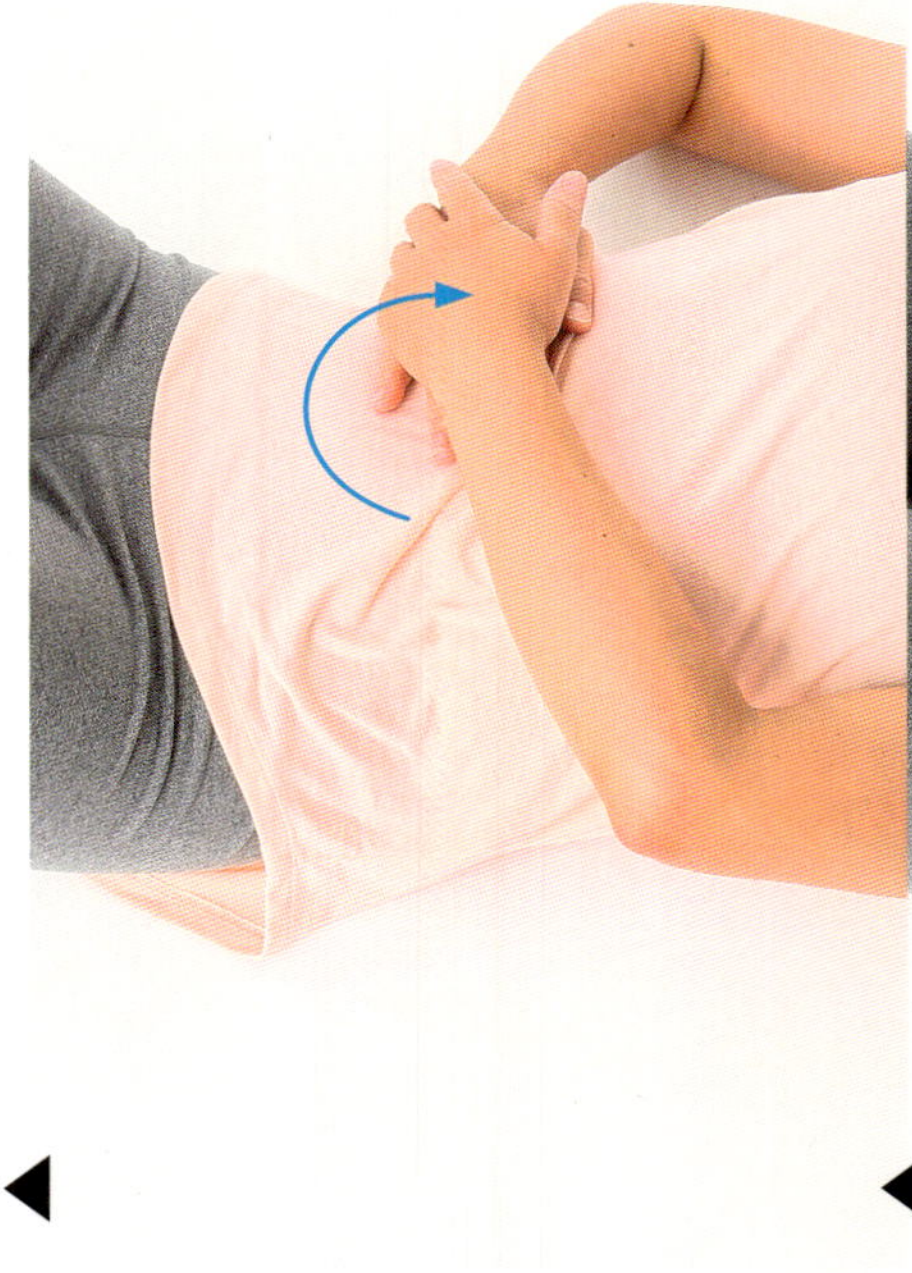

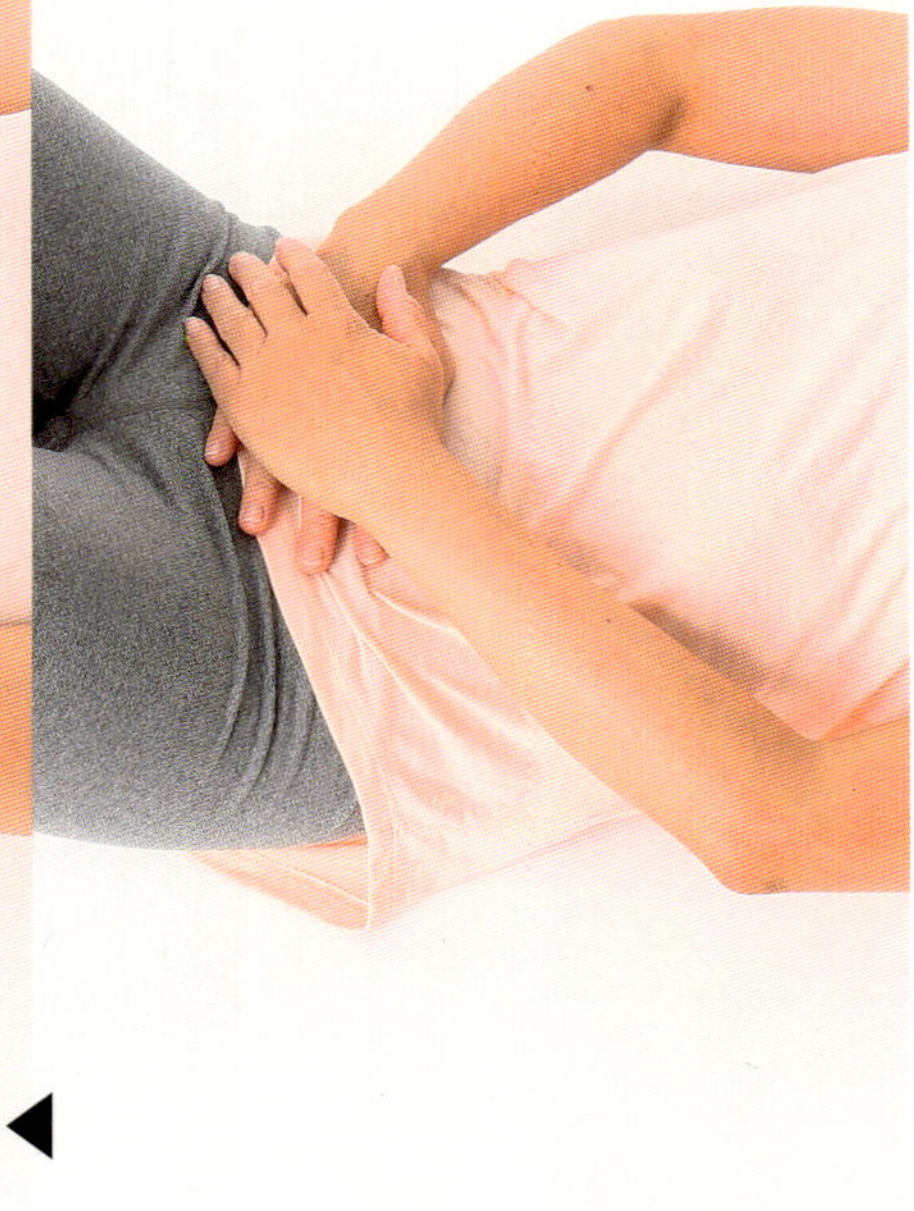

1. 頭を床につけて膝を立ててあおむけになる。
2. 両手を重ねて、手のひらでお腹に円を描くようにゆっくり回す。強く押さない。表面の皮膚に内部が着いてきてだんだん大きく回せるようになる。

- 30 秒～ 60 秒。
- 腹部周辺がほぐれ、腹部のインナーマッスルも鍛えられる。

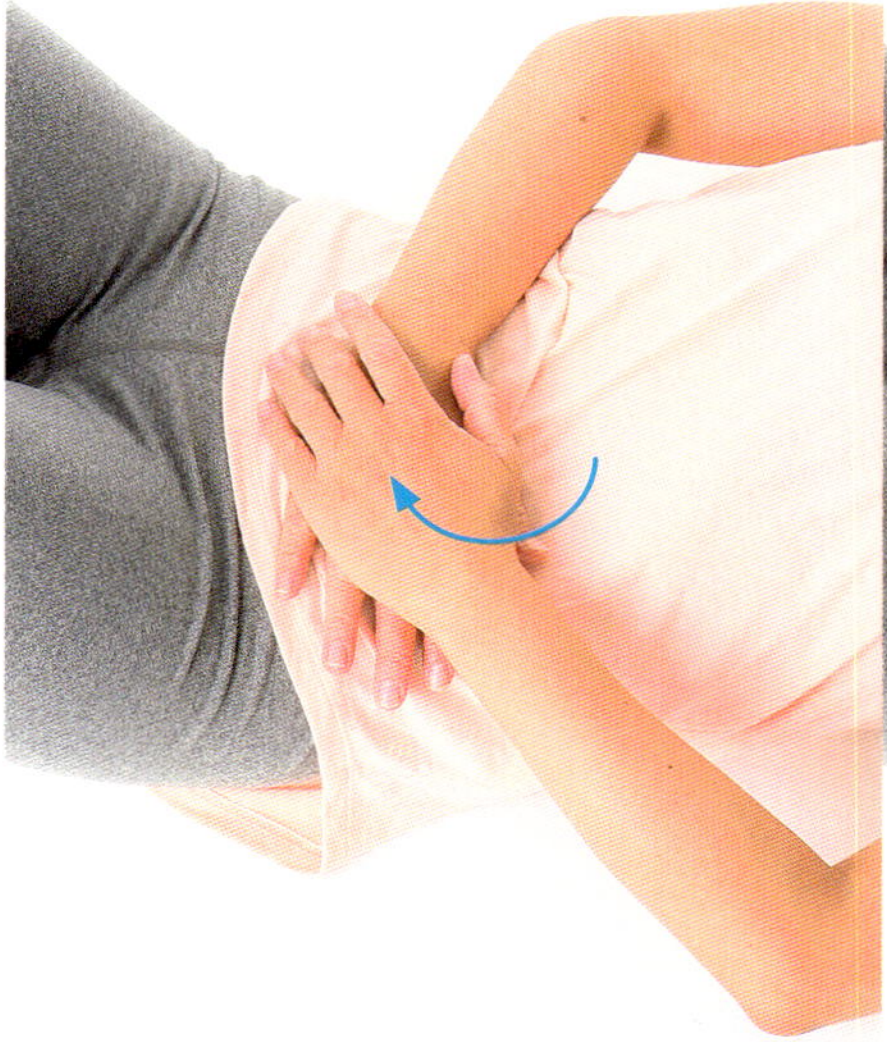

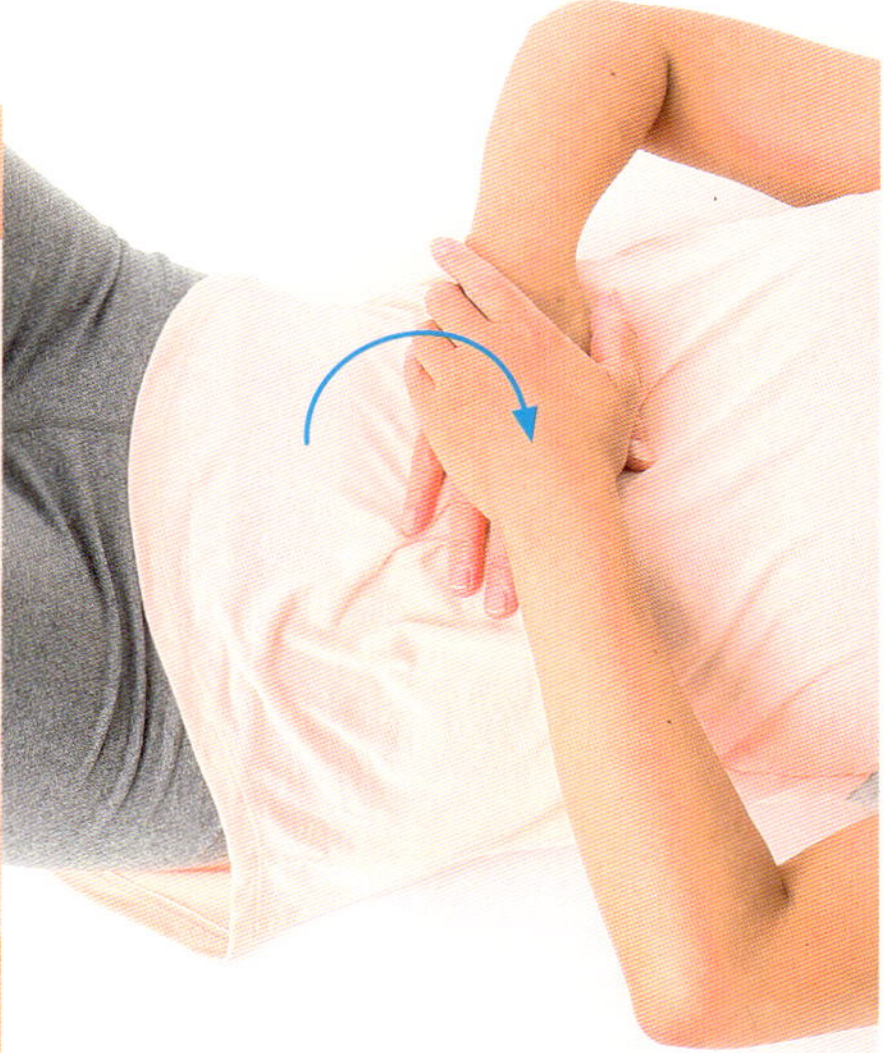

2　骨ストレッチのスポーツエクササイズ

10 手ほどき

1. 右手で拳をつくる。
2. 左手の甲を右手の拳の第 2 関節でゴリゴリとマッサージする。
3. 右手の親指の腹で左手の合谷のツボ（親指と人差し指の間）と手のひらの母指球を押してもみほぐす。

- 20 回～ 30 回。手をかえて 20 回～ 30 回。
- 手の緊張がほぐれる。緊張が強ければ合谷を押したときに痛みがある。

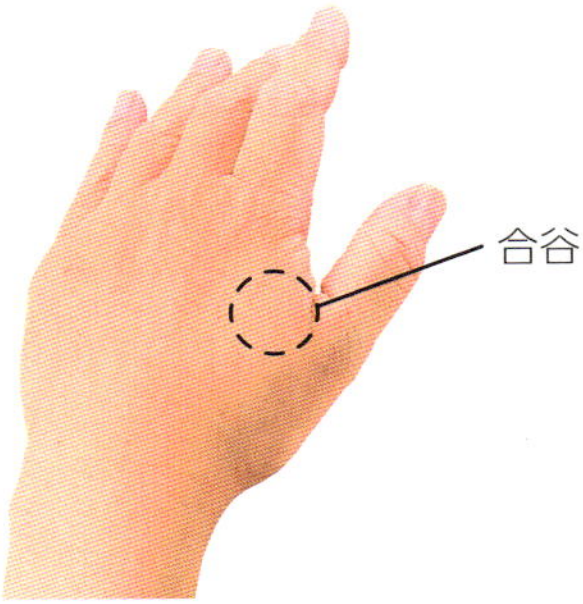

合谷の場所

11 足ほどき

1. 左膝を立てて床に座る。
2. 両手で拳をつくる。
3. 両手拳の第 2 関節のとがったところで右足の足首の付け根部分と甲を強めにゴリゴリとマッサージする。

- 20 回～ 30 回。足をかえて 20 回～ 30 回。
- 足根骨（150 ページ参照）がゆるみ足の緊張がほぐれる。足裏のアーチが使えるようになる。

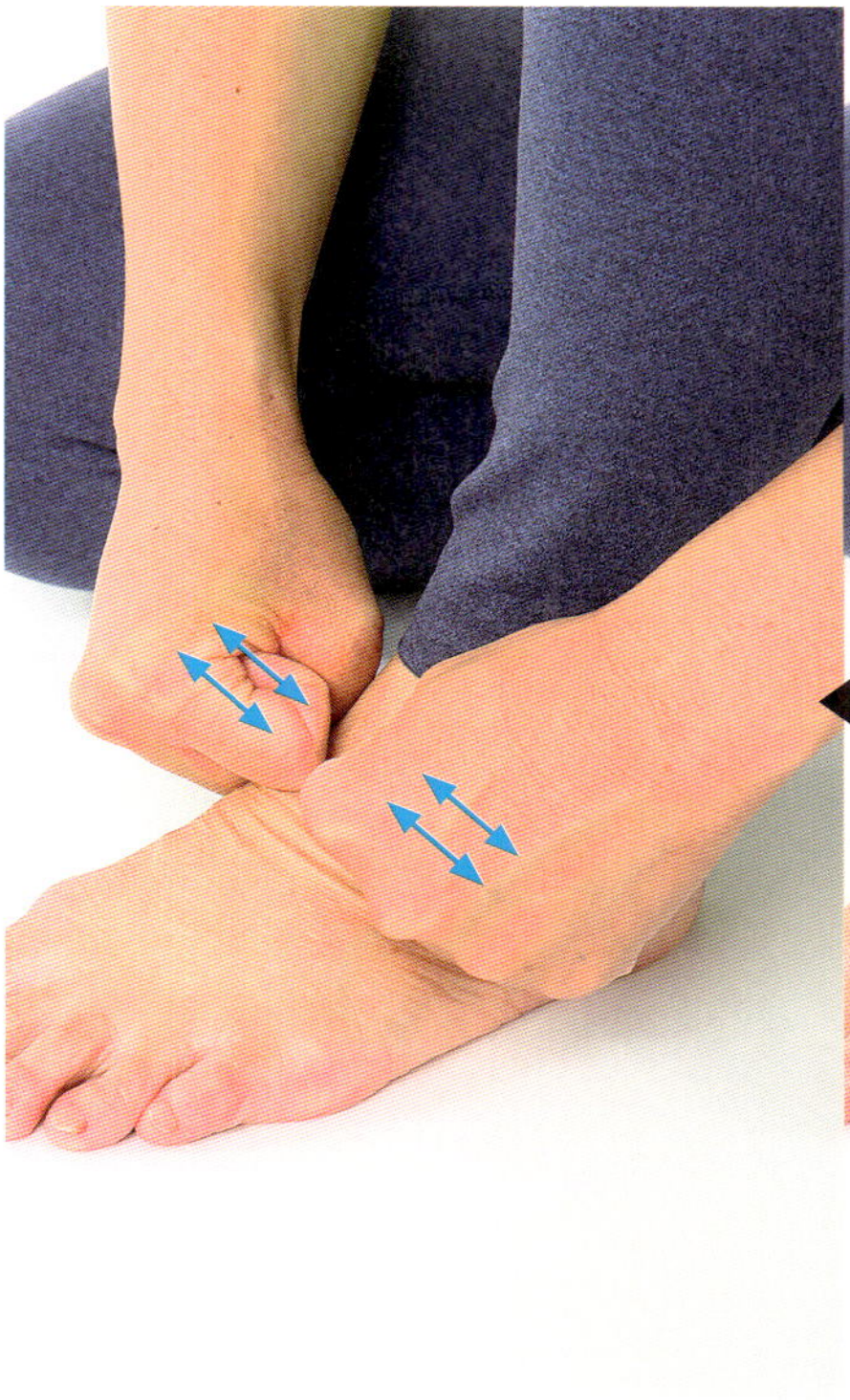

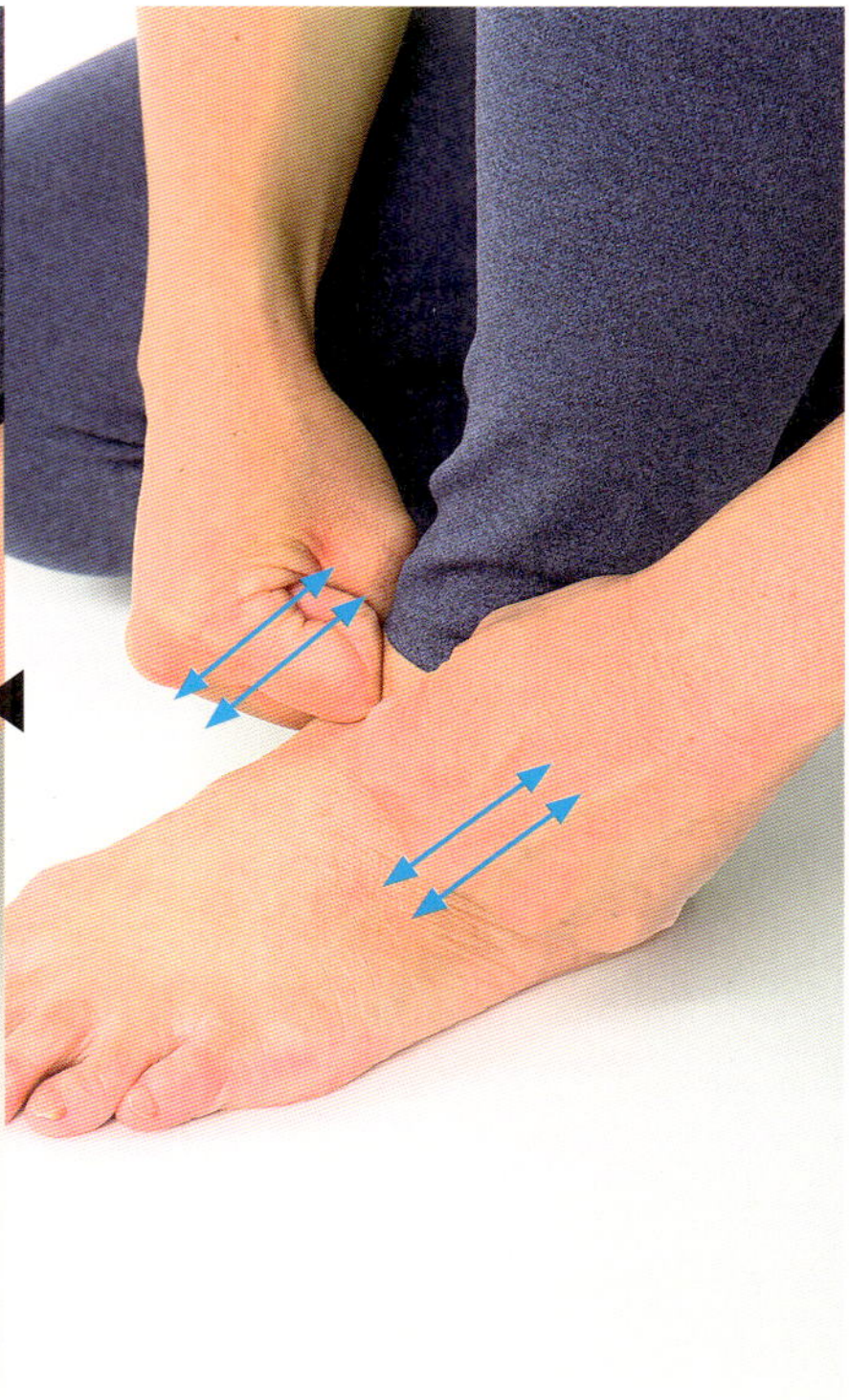

12 大腰筋ほぐし

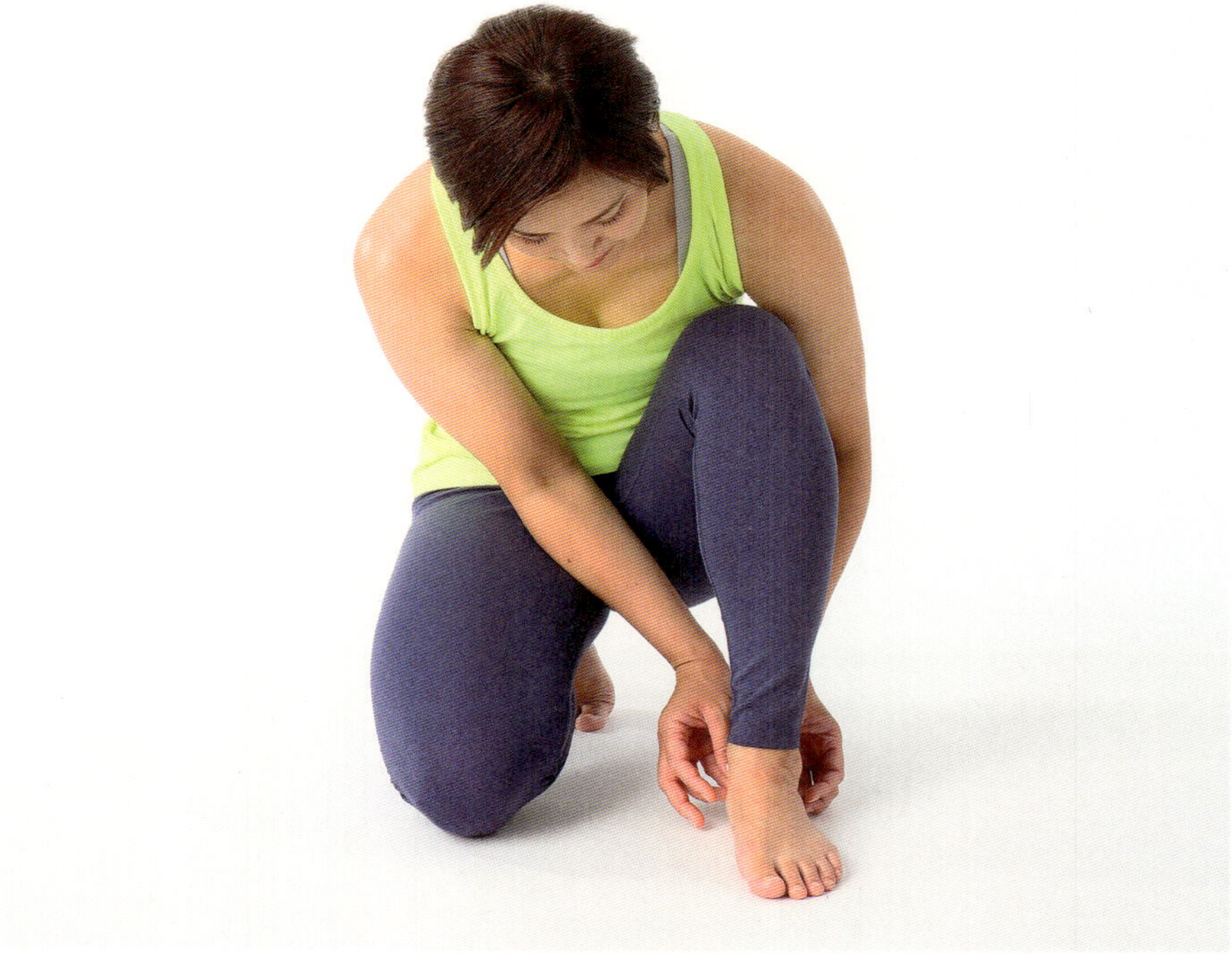

1. 左脚の膝を立てて腰をおろす。
2. それぞれの手の親指と小指でU字をつくり左足首の下のかかと側に当てる。
3. 左足首くるぶしの下の内側と外側を両手同時に親指と小指のU字を後ろから前、前から後ろと繰り返しスライドさせてマッサージする。

- 20回〜30回。足をかえて20回〜30回。
- 大腰筋（149ページ参照）がほぐれる。大腰筋は背骨と骨盤をつなぐ体幹のインナーマッスル。くるぶしの下から大腰筋まで脚の筋肉群はつながっている。
- エクササイズの前後にもも上げをして比較すると効果を実感できる。

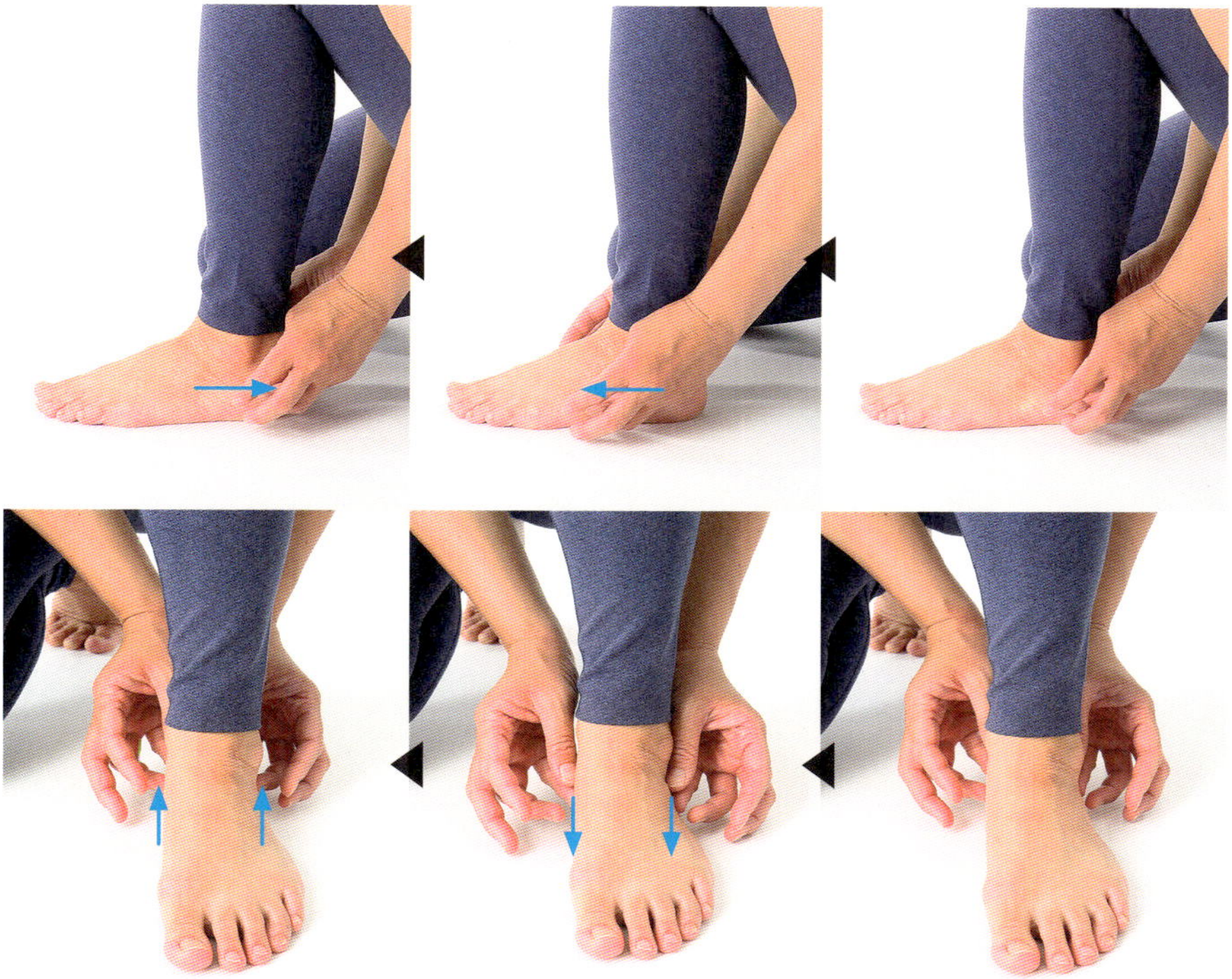

13 前屈スライド式

1. 両手の親指と小指でU字をつくり、膝を軽く曲げてゆっくり前屈する。無理をしない。
2. 軽く前屈をしながら、両手の親指と小指でつくったU字で、ももの付け根から膝、すね、足首、足の甲とスライドさせていく。

- ②、③を繰り返し10回。
- 下半身の血行がよくなり柔軟性がアップする。
- いすに座り、片方の手の親指と小指をももの付け根に当て、ももから膝までスライドさせ、もうひとつの手の親指と小指で膝から下をスライドさせると膝の動きがよくなる。

側面

両手の親指と小指でつくるU字。

14 足首前屈伸ばし

1. 膝を軽く曲げてそれぞれの親指と小指でそれぞれ同じ側の足首のくるぶしをつかむ。
2. 頭を下げて、無理のない範囲でお尻を上下に動かして膝を曲げ伸ばす。膝は最後まで伸びきらない。少し曲がったまま。

- 10 回。
- お尻（大臀筋）、もも裏の筋肉（ハムストリングス）が伸ばされ柔軟性がアップする。同時に体幹もバランスよく伸ばされる。

膝は伸びきらない

15 肘ブラブラ

1. 右手の親指と小指をつなぐ。
2. からだの前で右肘を曲げ、左手の親指と小指で右肘の前後の骨を横から支える。
3. 右肘を支点に、前腕を前に放り投げるように脱力してカクンと倒す。

- 手の甲が下向き 10 回。手のひらが下向き 10 回。手をかえて各 10 回。
- 前腕、肩、首がほぐれる。
- 肘の位置が体側の自然な位置に納まる。肘が下向きにうまく使えるようになる。スイングするスポーツには必要。

手のひら下向き

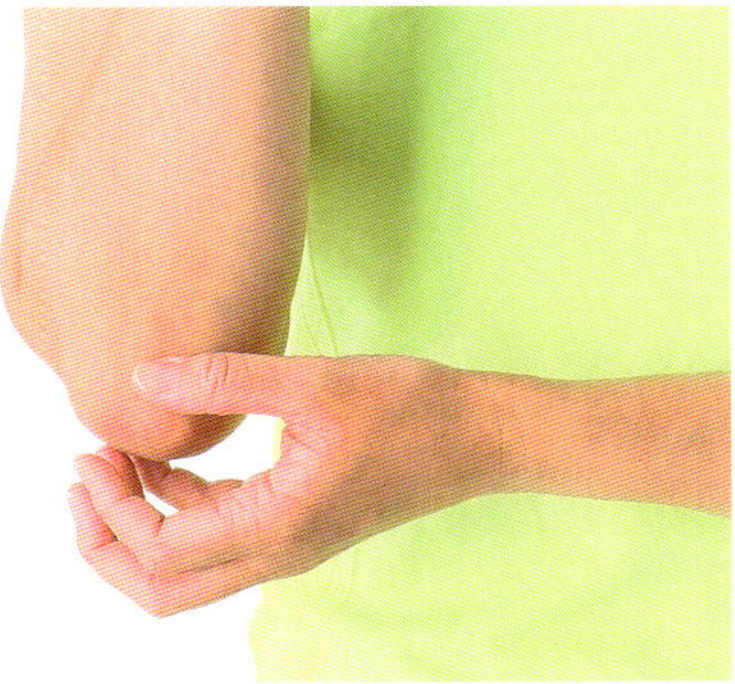

肘の持ち方

16 手首立ち上がり

前面

★ スクワットと違って、もも前側の筋肉（大腿四頭筋）に力は入れないで立ち上がる。

1. いすに浅く座り、右手の親指と小指をつなぐ。
2. 左手の親指と小指で右手首の出っ張った骨をつかみ、胸の中央やや右にセット。
3. そのまま両手を天に突き上げるように伸ばすと同時に立ち上がる。右手指先がロケットのように天を突く。

- 7回。手をかえて7回。
- 肋骨周辺がほぐれる。肩が伸びる。
- お尻の筋肉（大臀筋）の強化。ヒップアップ効果。

側面

17 手首体側伸ばし

1. 両足を肩幅よりややに広げ、両方の足先を 45 度外側に開いて立つ。
2. 右手の親指と小指をつなぎ、右手のひらを上向きにして頭の上で伸ばし、左手の親指と小指で右手首の出っ張った骨を右手甲側からつかむ。
3. 顔は上を向き、左へからだを曲げて右側の体側を伸ばす。

- 10 回。手をかえて 10 回。
- 脇腹の一体がほぐれる。体幹がゆるみ可動域が広がる。
- 背骨の 1 本 1 本が曲がるのを意識すると効果的。できる人はダブル T で立つとさらに効果的。

伸びる

伸びる

18 手首からだ回し

1. 両足を肩幅よりやや広げ、両方の足先を 45 度外側に開いて立つ。
2. 右手首の出っ張った骨を左手の親指と小指でつかむ。
3. 右腕を伸ばしたままで上体をゆっくり大きく回す。

- 左回り右回り各 3 回。手をかえて左回り右回り各 3 回。
- 体幹がゆるみ上半身の可動域が広がる。

19 もも前ほぐし

1. 長座（脚を前に伸ばして座る）になる。
2. ももの前側の筋肉（大腿四頭筋）を両手の指で強くもんでほぐす。
3. 拳の指も使ってほぐす。

- 10回～30回。足をかえて10回～30回。
- 大腿四頭筋がゆるむ。
- 筋トレなどで大腿四頭筋が発達している人はよくゆるめる必要がある。

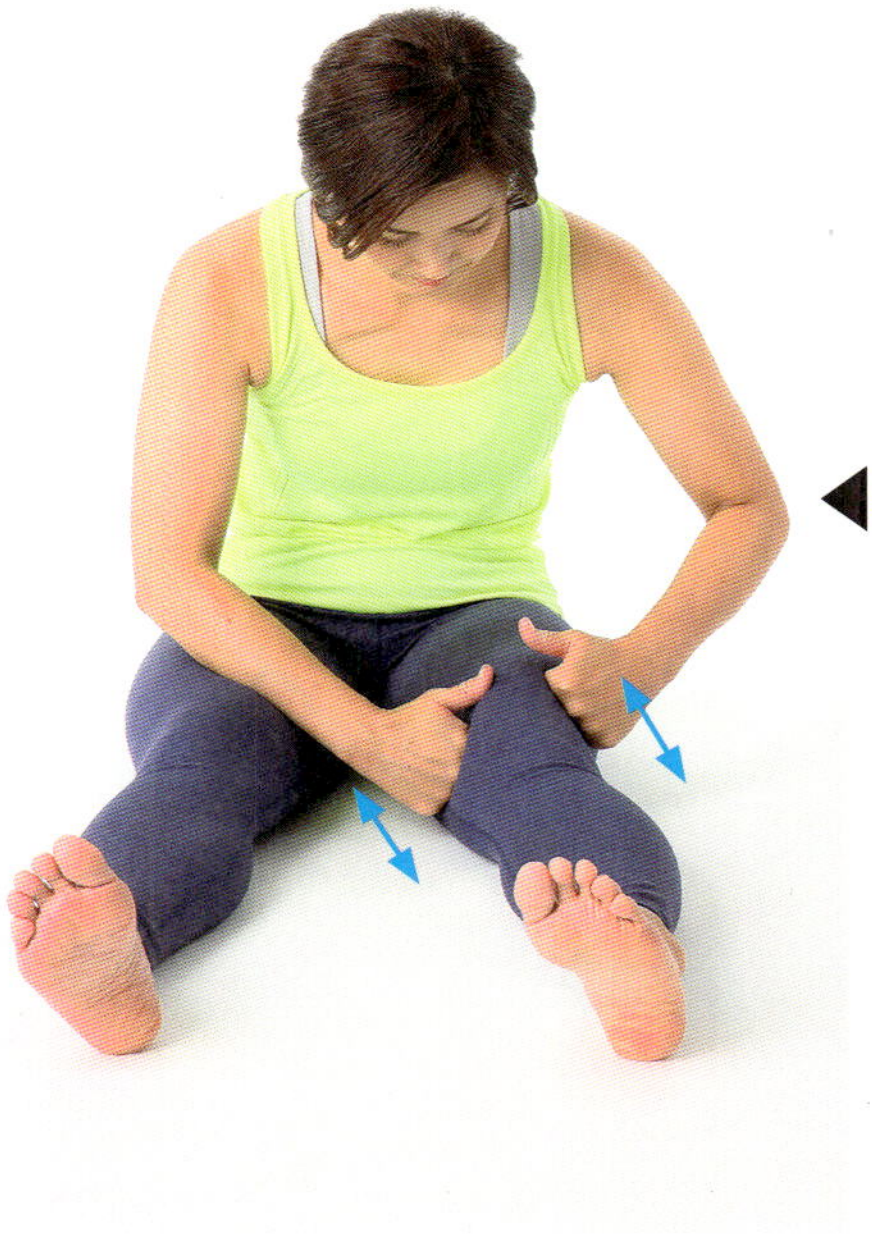

20 鎖骨股関節ほぐし

★ もも前の筋肉（大腿四頭筋）に力が入らないように。

1. 両足を肩幅よりやや広げ、両方の足先を外側に開いて立つ。両膝は必ず外側を向く。
2. 両手の親指と小指でそれぞれの側の鎖骨をつかむ。肘は下向き、親指は下側から、小指は上側から鎖骨をつかむ。
3. 膝をカクンと抜き、坐骨（いすに座るときに座面に当たる骨）を下に落とす。下に落ちた反動でからだを上に戻す。

- 10回。
- 股関節の可動域が広がる。下半身が滑らかに動くようになる。ももの内側の筋肉（内転筋）もゆるむ。

側面

21 鎖骨股関節回し

1. 両足を肩幅に広げ、左足先を 45 度以上内側に向けて立つ。
2. 両手の親指と小指でそれぞれの側の鎖骨をつかむ。肘は下向き、親指は下側から、小指は上側から鎖骨をつかむ。
3. つま先を内側に向けた左足側の股関節を支点にしてゆっくり腰を回す。通常の腰回しの動きだが右側はほとんど動かない。

- 左回り 10 回、右回り 10 回。内側に向ける足をかえて左回り 10 回、右回り 10 回。
- 股関節の柔軟性アップで下半身が滑らかに動く。股関節周辺のリンパの流れがよくなる。

22 膝股関節ほぐし

1. 右足をいすの上に置き、右手の親指と小指で右足の膝両側の出っ張った骨をつかむ。
2. 左手の親指と小指で右の鎖骨をつかむ。
3. 右膝の力を抜いてカクンと内側に倒す。

- 10 回。手足をかえて 10 回。
- 股関節をほぐす。股関節の動きもよくなる。慢性の膝の痛みにも効果あり。

23 足首股関節伸ばし

1. うつぶせになり、顔を左に向け、左膝を曲げて左手の親指と小指で足首のくるぶしを甲側からつかむ。右手は親指と小指をつなぎ、右腕は前に伸ばしておく。
2. そのままの姿勢で自然呼吸をして 30 秒から 40 秒。

- 自然呼吸で 30 秒。手と足をかえて 30 秒。
- 伸ばしている脚側の股関節が伸びる。

膝股関節伸ばし

- 足首が持てない人は膝の両側の出っ張った骨を左手の親指と小指で持つ。

24 仙腸関節ほぐし（あおむけ）

1. あおむけになって右膝を立て、右足首のくるぶしを右手の親指と小指でつかむ。左手の親指と小指で右鎖骨をつかむ。
2. 右脚の力を抜き、カクンと右膝を内側に倒す。

- 10回。手足をかえて10回。
- 仙腸関節（148ページ参照）をほぐす。股関節の動きもよくなる。慢性の膝の痛みにも効果あり。

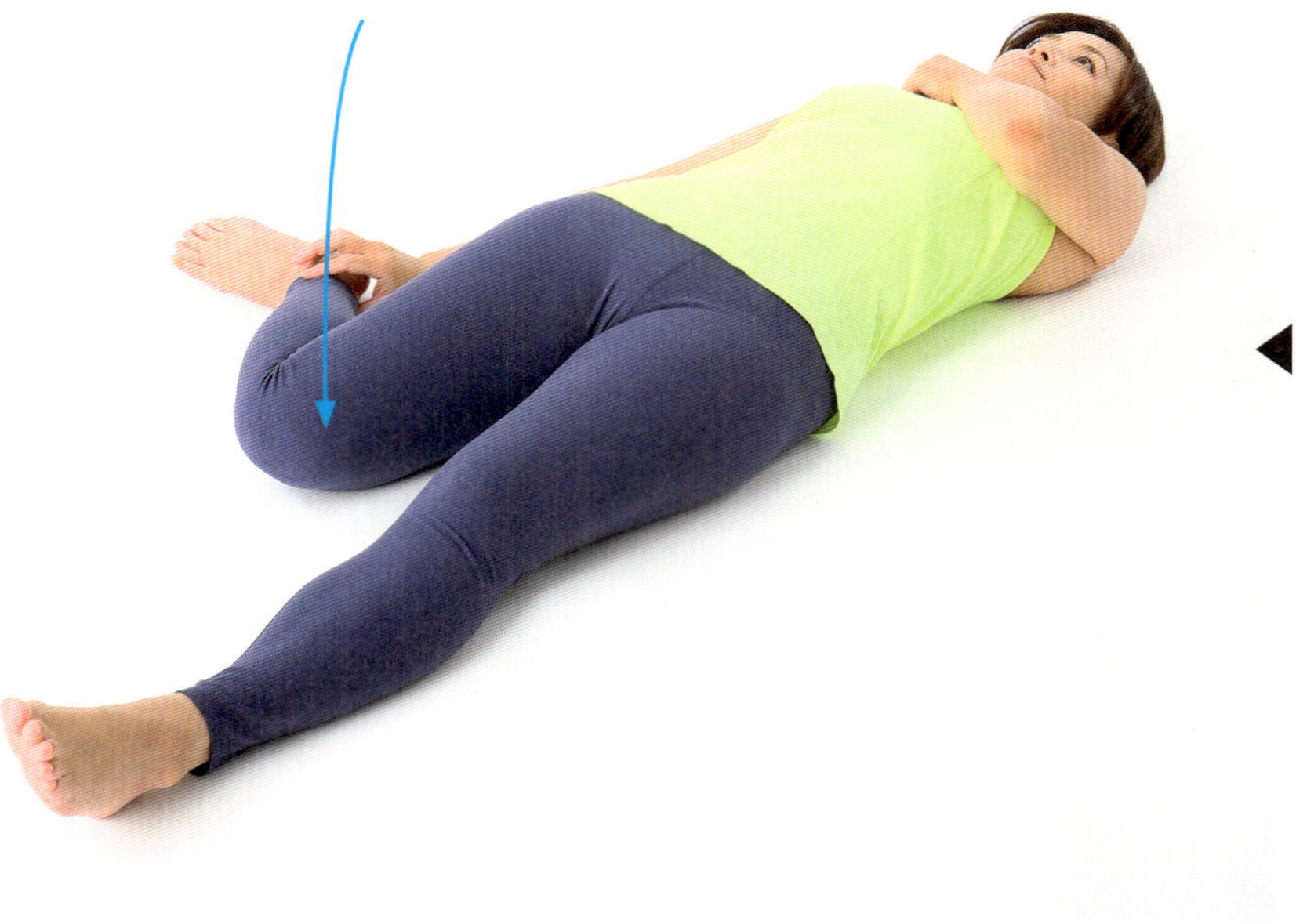

25 仙腸関節ほぐし（うつぶせ）

1. うつぶせになって右膝を曲げ、右足首のくるぶしを右手の親指と小指でつかむ。左脚は伸ばす。左手は親指と小指をつなぎ、左腕は前に伸ばしておく。
2. 右脚の力を抜き、右手でカクンと足を外側に倒す。

- 10回。手足をかえて10回。
- 仙腸関節（148ページ参照）をほぐす。あおむけよりさらに深部に届く。
- 伸ばしている手で反対側の鎖骨をつかむとさらに効果的。

26 足首もも裏伸ばし

1. あおむけになって左膝を軽く曲げ、左足首のくるぶしを左手の親指と小指でつかみ、右手で足先を持つ。（持てない人は 126 ページの膝もも裏伸ばしをおこなう）
2. 手で持っている足をからだ側に引きつけて、ももの裏側の筋肉を伸ばす。

- 10 回。手足をかえて 10 回。
- ももの裏側の筋肉（ハムストリングス）から体幹まで無理なくほぐれる。

伸びる

膝もも裏伸ばし（からだが硬い人のもも裏伸ばし）

1. あおむけになって右膝を軽く曲げ、両手の親指で膝の外側の骨を持ち、小指を膝の裏側に当てて膝を支える。
2. 右膝を持っている手をからだに引きつけて、ももの裏側の筋肉を伸ばす。

- 10 回。手足をかえて 10 回。
- ももの裏側の筋肉（ハムストリングス）から体幹まで無理なくほぐれる。

膝の持ち方

27 足首もも前伸ばし

1. あおむけになり、左足の甲が床につくように左膝を曲げてからだの側面に近づける。無理をしないこと。左膝が床から離れても、左足の甲全部が床につかなくてもよい。
2. そのままの姿勢で自然呼吸して、ももの前側を伸ばす。

- 自然呼吸で 30 秒。足をかえて 30 秒。
- ももの前側筋肉（大腿四頭筋）がほぐれる。

伸びる

3 骨ストレッチのリラックスメニュー

28 頭頂ひらき

1. 頭頂部の真ん中に両手の指先を立てる。
2. 息を吸いながら両手の指を強く押し込み、息を吐きながら腕を左右にパッと開く。

- 5回～10回。
- 頭にたまったストレスや疲労を取り除く。
- からだを深部からゆるめる。
- からだのパワーがアップする。

29 烏口突起ほぐし

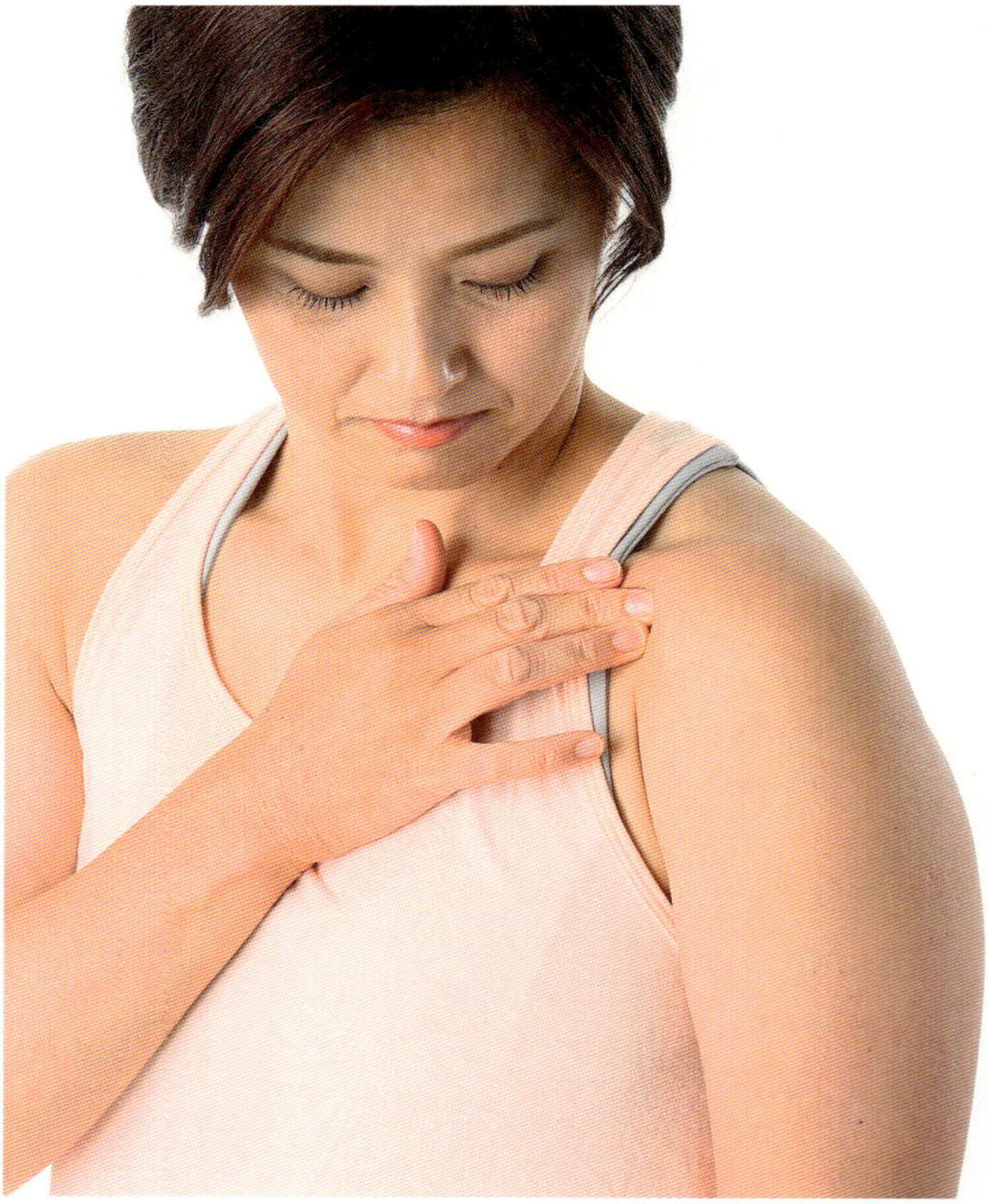

1. 烏口突起は肩関節と腕の付け根の接点にある骨。鎖骨の肩側の端のくぼんだあたり。ここへ反対側の手の人差し指、中指、薬指を当てる。
2. 人差し指、中指、薬指で強くもみほぐす。

- 左右各 20 回。
- 烏口突起はストレスがあるとコリがたまる。
- ストレス、疲労を取り除く。からだの深部をゆるめる。

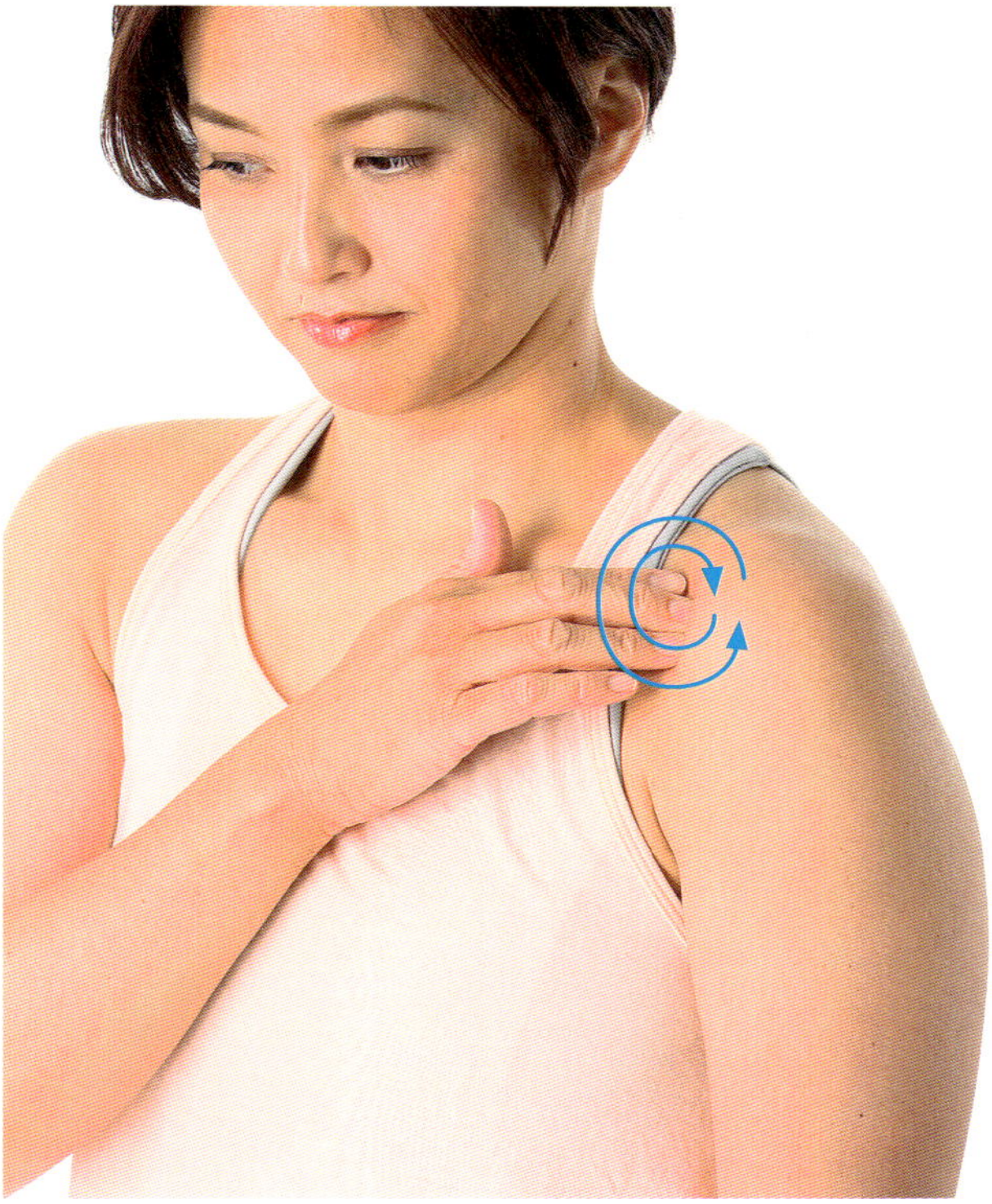

30 足指回し

1. 長座（脚を前に伸ばして座る）から左膝を曲げて左足を右太ももの上に乗せる。
2. 左手の親指と小指で右足先をつかみ、親指の第１関節をぐるぐる回す。順番に各指を小指まで回す。

- 各指左回り 10 回、右回り 10 回。足をかえて各指左回り 10 回、右回り 10 回。
- 親指から回す方がほぐれやすい。
- 全身がほぐれる。

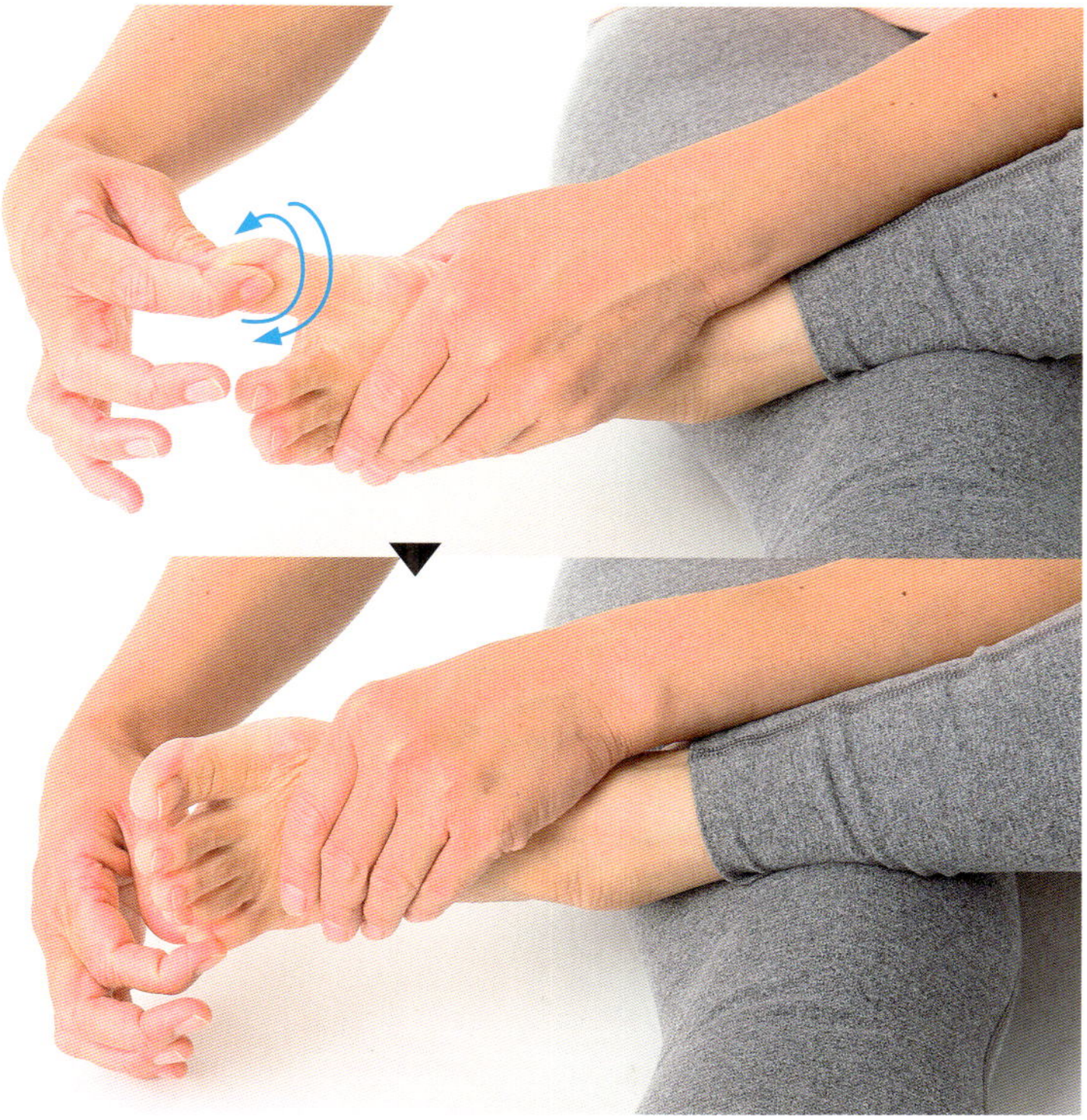

31 手首腰伸ばし

1. いすに浅く座り、足裏を床につける。
2. 右手の親指と小指をつなぎ、左手の親指と小指で右手首の出っ張った骨をつかむ。
3. 腕と背中が水平になるように上体を前に伸ばす。できるところまで。頭を下げるとさらに効果的。

- 10 回。手をかえて 10 回。
- 足先を床から上げるとふくらはぎが効果的にほぐれる。
- 手の向きをいろいろな方向に変えてみると刺激が違う。
- 背骨が伸びる。腰痛、腰の疲労の緩和。立ち仕事、デスクワークの後に効果的。

伸びる

32 丹田押し

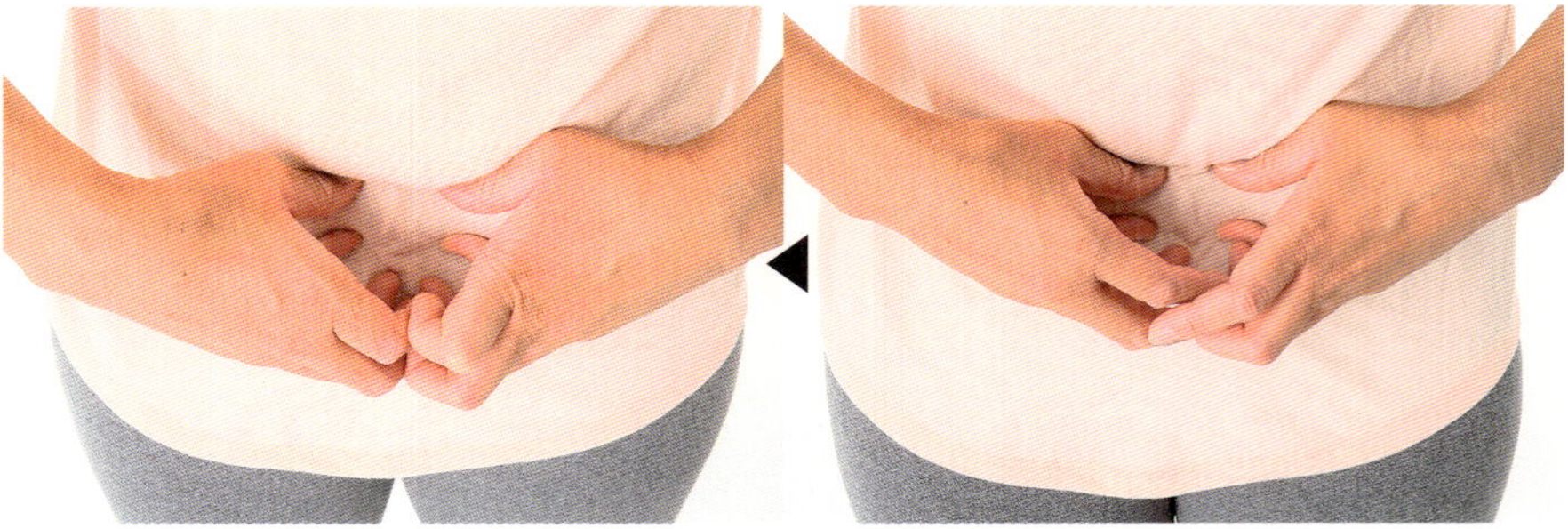

1. それぞれの手の親指と小指でU字形をつくり、おへその下にある「丹田」に当てる。（丹田はへそ下３寸＝約９センチの場所）
2. 息を吸いながら親指と小指をつなげた部分を強く押し込む。
3. 押し込んだ両手が返ってくる弾力で、息を吐きながらパッと両手を離す。（押し込んだ手が弾力で返ってくる場所が丹田）

- ７回１セットを２回から３回繰り返す。
- 肝臓、腎臓の強化、氣力が出る。
- 下腹のダイエットにも効果的。

4　毎日の骨ストレッチメニュー

骨ストレッチの特長は、誰でも簡単におこなえて、すぐに効果が体感できるところにあります。骨ストレッチを毎日続けていくと、からだの深い部分からほぐれていきます。関節の動きが柔軟になり、しなやかに動けるようになってきます。大事なことは毎日こまめに続けていくことです。続けていくと、あるとき突然からだが軽く動くようになります。徐々によくなるのではなく、ある期間、骨ストレッチを続けた後、急によくなります。さらに続けるとしばらく停滞期があり、この期間を過ぎると、また同じようにからだは次の段階にジャンプアップします。

骨ストレッチで目指すのは、日常生活から「ここちよいからだの動き」ができることです。そのようなからだなら、スポーツでもしなやかに動くことができます。

毎日の骨ストレッチメニュー

■ 毎日必ずおこないたい
■ 時間があれば毎日おこないたい
■ 各部位を重点的にほぐす
■ からだの状況に応じておこなう

	メニュー	効果部位	ページ
1	手のひら返し	腕・肩	66
2	手首ブラブラ	手首・腕・肩・体幹	68
3	手首首回し	手首・首・肩・体幹	70
	肘首回し(手首首回しのバリエーション)	首・肩・体幹	72
4	手首肩甲骨伸ばし	腕・肩・体幹	74
5	手首背伸び	腕・首・肩・背骨・体幹	76
	手首背伸び(背を反らすバージョン)	腕・首・肩・背骨・体幹	78
6	鎖骨ひねり	肩・体幹	80
7	足首回し	足首・内転筋	82
8	肋骨ほぐし	体幹	84
	肋骨ほぐし(横向きバージョン)	体幹	86
9	腸ほぐし	体幹	88
10	手ほどき	手	92
11	足ほどき	足	94
12	大腰筋ほぐし	大腰筋	96
13	前屈スライド式	脚(もも裏)	98
14	足首前屈伸ばし	脚(もも裏・ふくらはぎ)	100
15	肘ブラブラ	肘・腕・首・肩	102
16	手首立ち上がり	臀部・体幹	104
17	手首体側伸ばし	体側・体幹	106
18	手首からだ回し	体側・体幹	108
19	もも前ほぐし	脚(もも前)	110
20	鎖骨股関節ほぐし	股関節	112
21	鎖骨股関節回し	股関節	114
22	膝股関節ほぐし	股関節	116
23	足首股関節伸ばし	股関節	118
	膝股関節伸ばし	股関節	119
24	仙腸関節ほぐし(あおむけ)	仙腸関節・股関節	120
25	仙腸関節ほぐし(うつぶせ)	仙腸関節・股関節	122
26	足首もも裏伸ばし	脚(もも裏)	124
	膝もも裏伸ばし(からだが硬い人のもも裏伸ばし)	脚(もも裏)	126
27	足首もも前伸ばし	脚(もも前)	128
28	頭頂ひらき	パワーアップ・ストレス解消	132
29	烏口突起ほぐし	腕・肩・ストレス解消	134
30	足指回し	全身	136
31	手首腰伸ばし	腰痛	138
32	丹田押し	氣力・内臓強化	140

5　スポーツのウオーミングアップとクールダウンの骨ストレッチメニュー

ここでは「従来の静的ストレッチの代わりに何をやればよいのか？」というみなさんの疑問にお答えして、「ウオーミングアップとクールダウンの骨ストレッチメニュー」を掲載しています。

これを基本に、みなさんのからだの状況に合わせていろいろなメニューを組み合わせてみてください。骨ストレッチのウオーミングアップをおこなうとパフォーマンスは向上し、ケガを予防できます。クールダウンも同様におこなえば、疲れや張りも取れます。今まで説明してきたように、からだの各部は関連して動きます。下半身の動きが多いと思われるスポーツでも上半身をほぐすことは重要です。繰り返しますが、大事なことはスポーツの前後だけでなく、毎日続けていくことです。骨ストレッチを毎日続けていくと、あまり時間をかけずにからだをほぐすことができるようになります。

野生動物は獲物を見つけたらすぐに飛びかかります。いつでも動ける、いつでも走れる、それが自然のからだの在り方です。武術の世界では不測の事態に備えてすぐに動けるようにからだを鍛錬します。稽古前も準備運動は一切おこないません。骨ストレッチで目指すのは、ウオーミングアップなしでも、すぐに動ける古武道の熟練者のようなからだです。

ウオーミングアップとクールダウンの骨ストレッチメニュー

- ■ 基本メニュー（必ずおこなう）
- ■ 足・脚を使うスポーツに必要なメニュー（基本メニューに加えておこなう）
- ■ 足・脚を使うスポーツのオプション（必要に応じておこなう）
- ■ 手・腕を使うスポーツに必要なメニュー（必要に応じておこなう）

	メニュー	効果部位	ページ
1	手のひら返し	腕・肩	66
2	手首ブラブラ	手首・腕・肩・体幹	68
3	手首首回し	手首・首・肩・体幹	70
	肘首回し（手首首回しのバリエーション）	首・肩・体幹	72
4	手首肩甲骨伸ばし	腕・肩・体幹	74
5	手首背伸び	腕・首・肩・背骨・体幹	76
	手首背伸び（背を反らすバージョン）	腕・首・肩・背骨・体幹	78
6	鎖骨ひねり	肩・体幹	80
7	足首回し	足首・内転筋	82
8	肋骨ほぐし	体幹	84
	肋骨ほぐし（横向きバージョン）	体幹	86
9	腸ほぐし	体幹	88
10	手ほどき	手	92
11	足ほどき	足	94
12	大腰筋ほぐし	大腰筋	96
13	前屈スライド式	脚（もも裏）	98
14	足首前屈伸ばし	脚（もも裏・ふくらはぎ）	100
15	肘ブラブラ	肘・腕・首・肩	102
16	手首立ち上がり	臀部・体幹	104
17	手首体側伸ばし	体側・体幹	106
18	手首からだ回し	体側・体幹	108
19	もも前ほぐし	脚（もも前）	110
20	鎖骨股関節ほぐし	股関節	112
21	鎖骨股関節回し	股関節	114
22	膝股関節ほぐし	股関節	116
23	足首股関節伸ばし	股関節	118
	膝股関節伸ばし	股関節	119
24	仙腸関節ほぐし（あおむけ）	仙腸関節・股関節	120
25	仙腸関節ほぐし（うつぶせ）	仙腸関節・股関節	122
26	足首もも裏伸ばし	脚（もも裏）	124
	膝もも裏伸ばし（からだが硬い人のもも裏伸ばし）	脚（もも裏）	126
27	足首もも前伸ばし	脚（もも前）	128
28	頭頂ひらき	パワーアップ・ストレス解消	132
29	烏口突起ほぐし	腕・肩・ストレス解消	134
30	足指回し	全身	136
31	手首腰伸ばし	腰痛	138
32	丹田押し	氣力・内臓強化	140

体幹部の筋肉（前側）

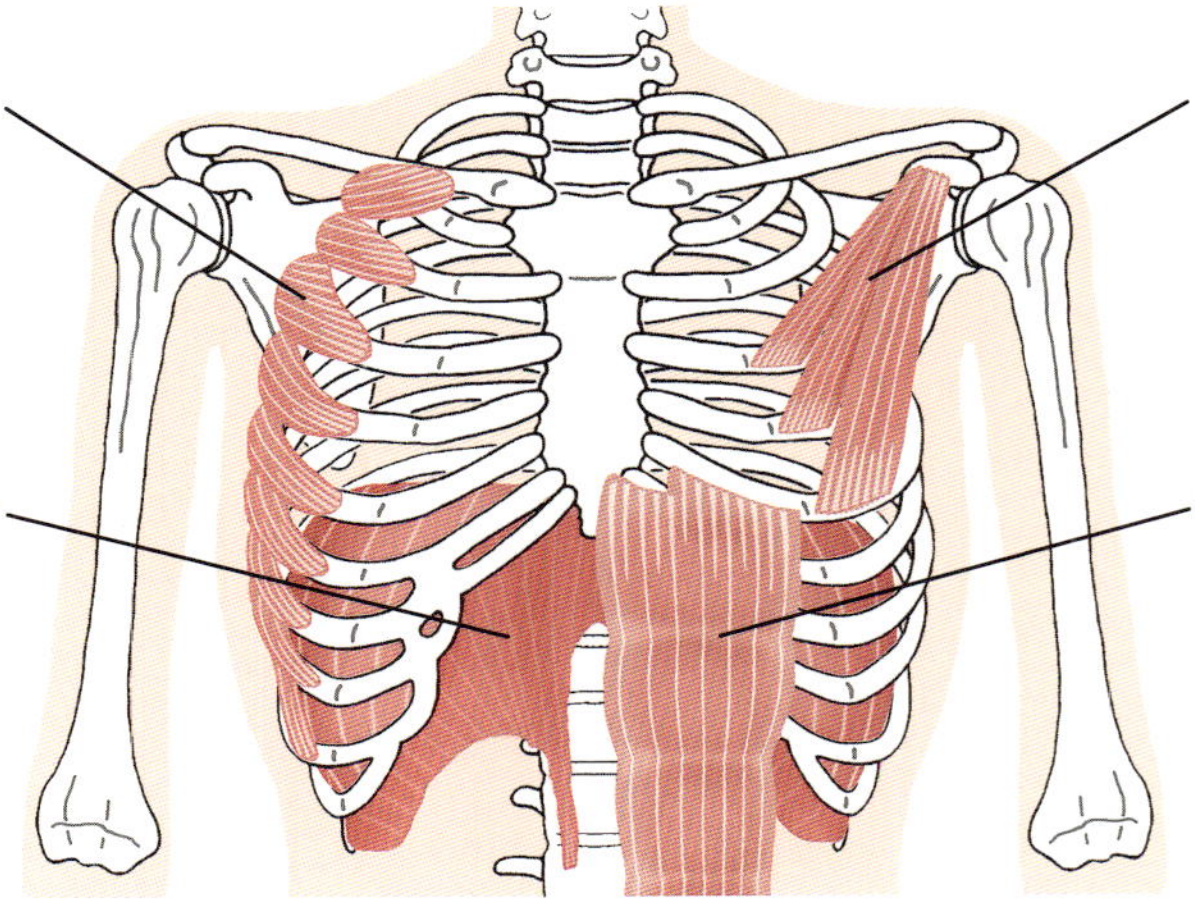

体幹部の筋肉（後側）

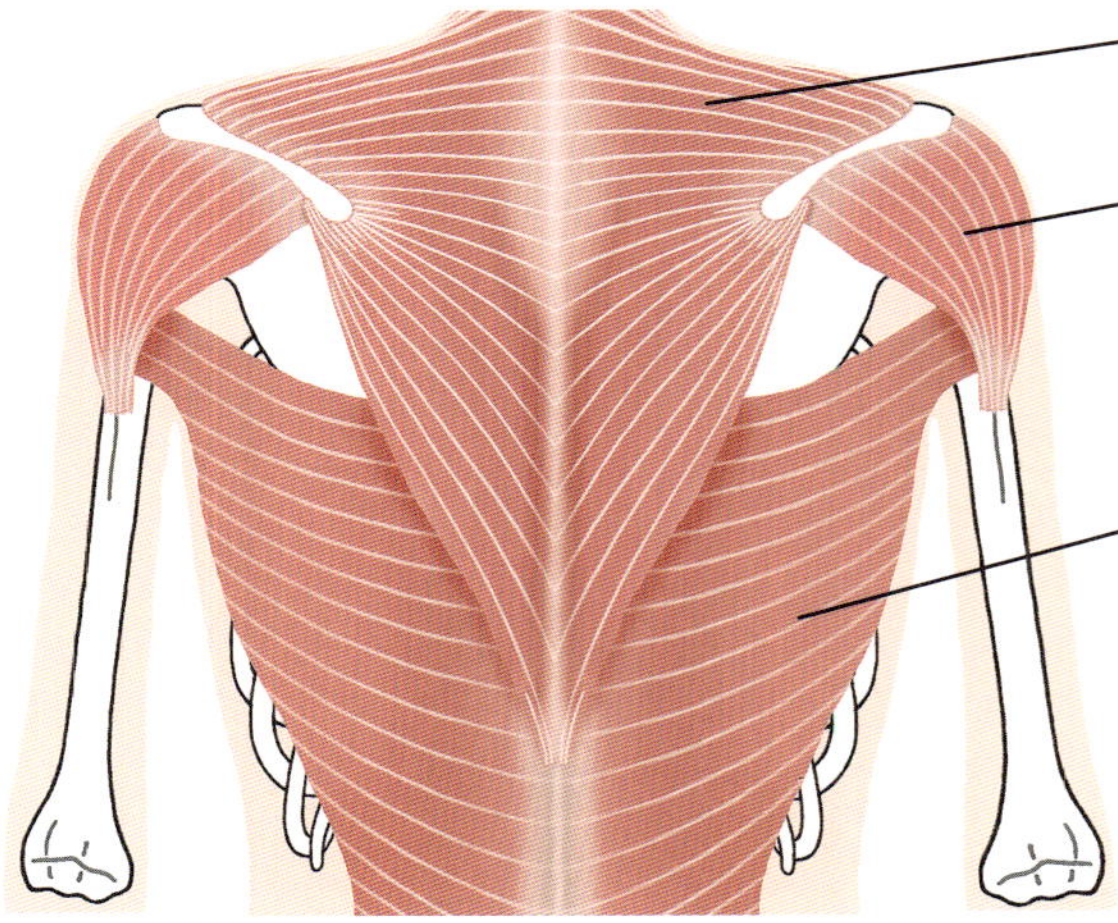

体幹部の骨（前側）

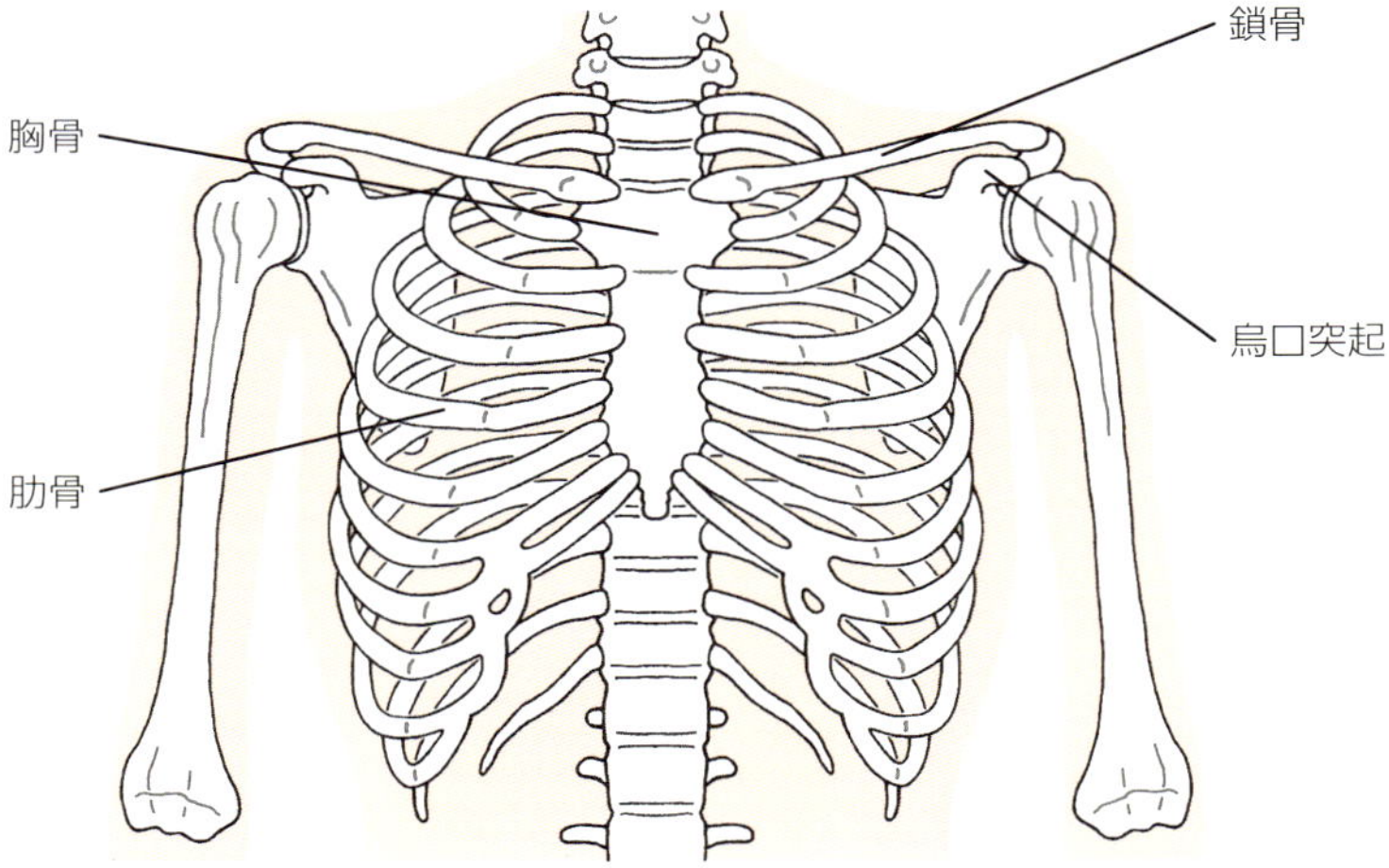

体幹部の骨（後側）

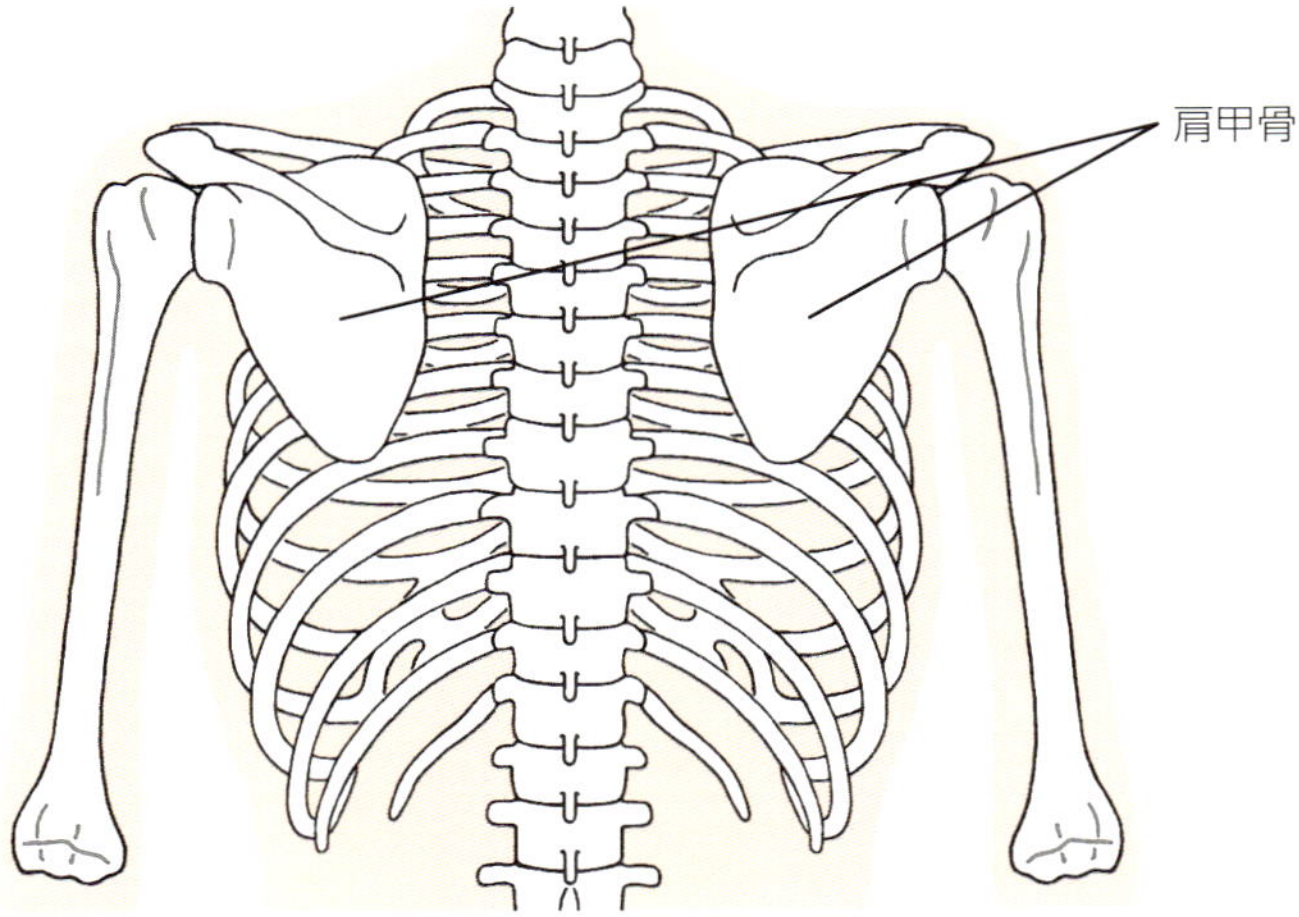

骨盤（後側）

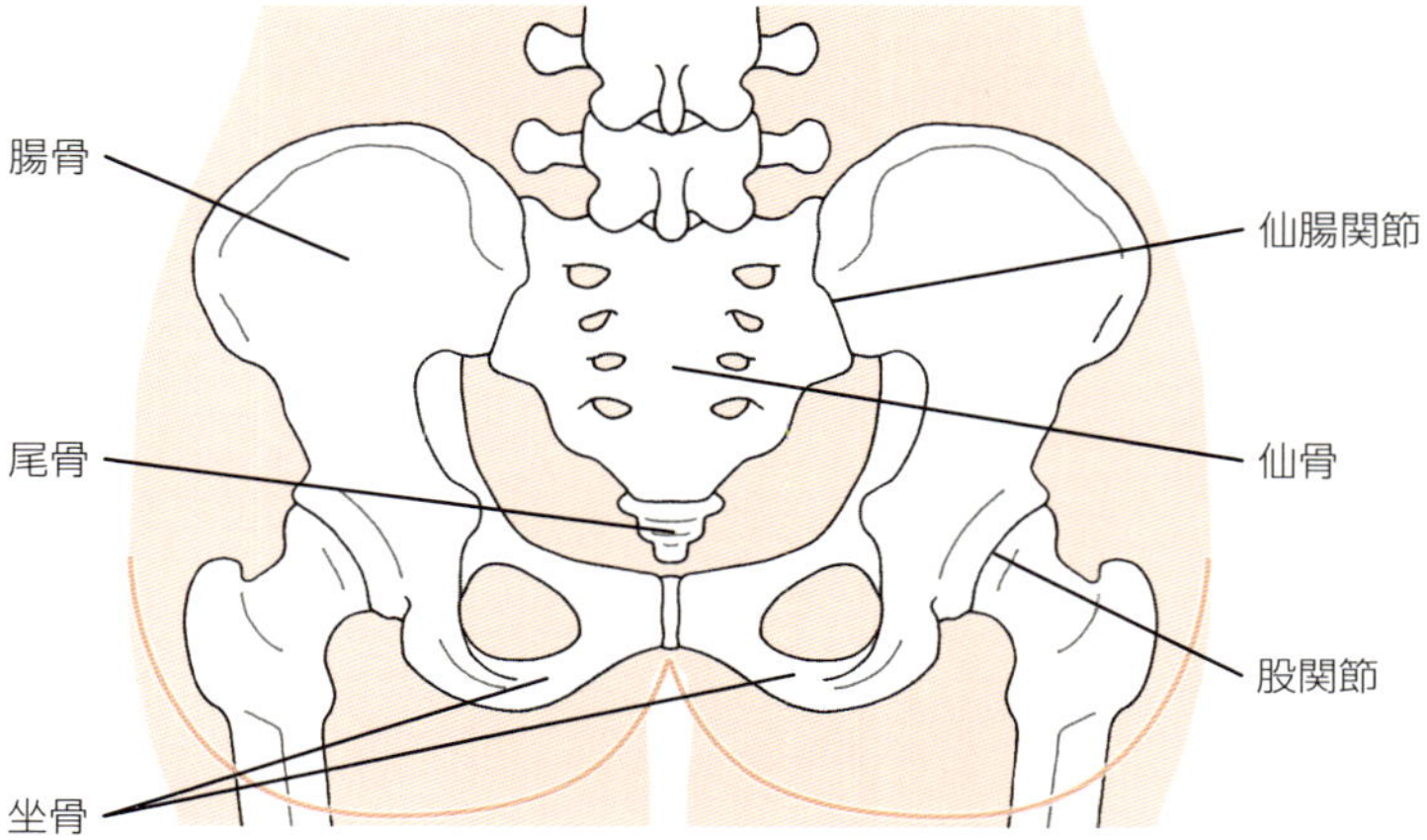

骨盤（側面）

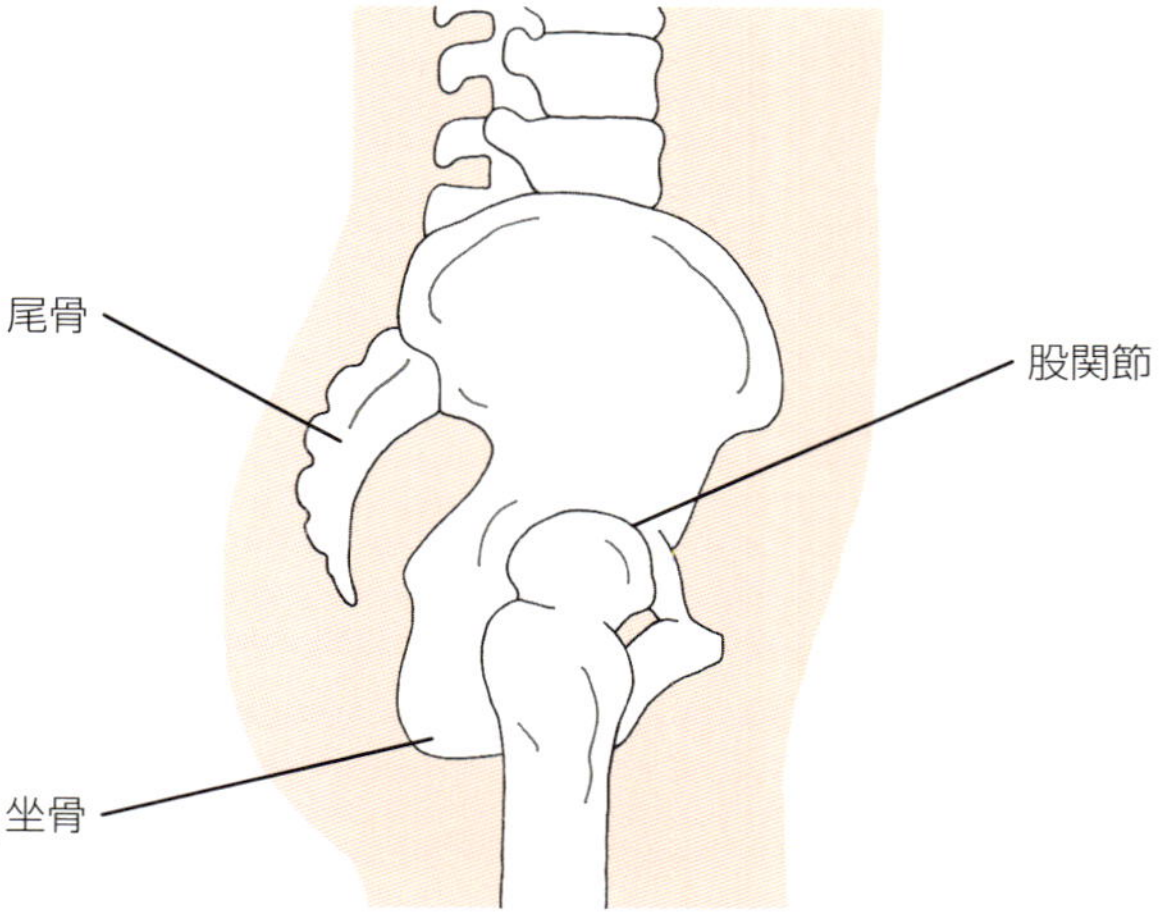

骨盤（前側）

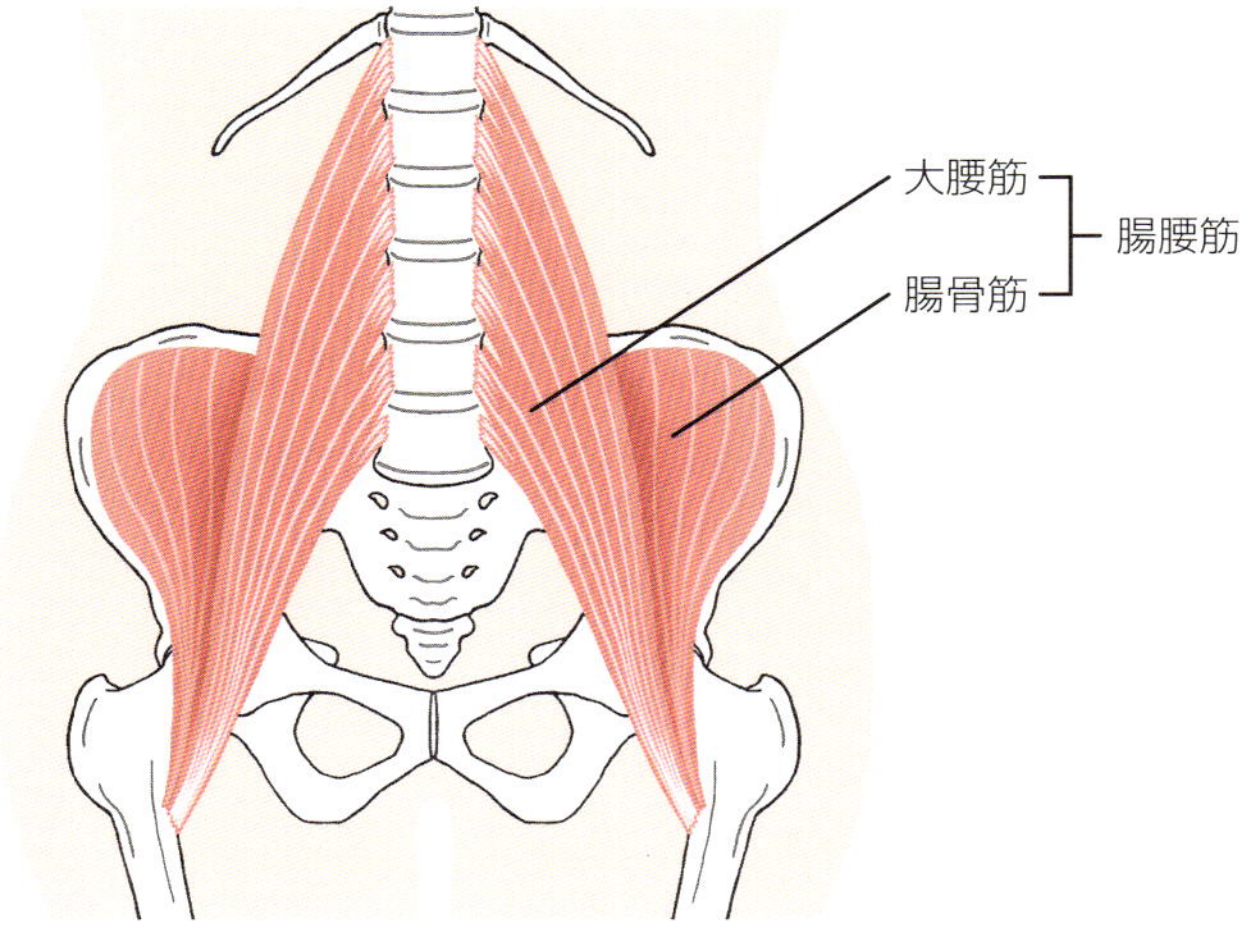

頭部（前側）

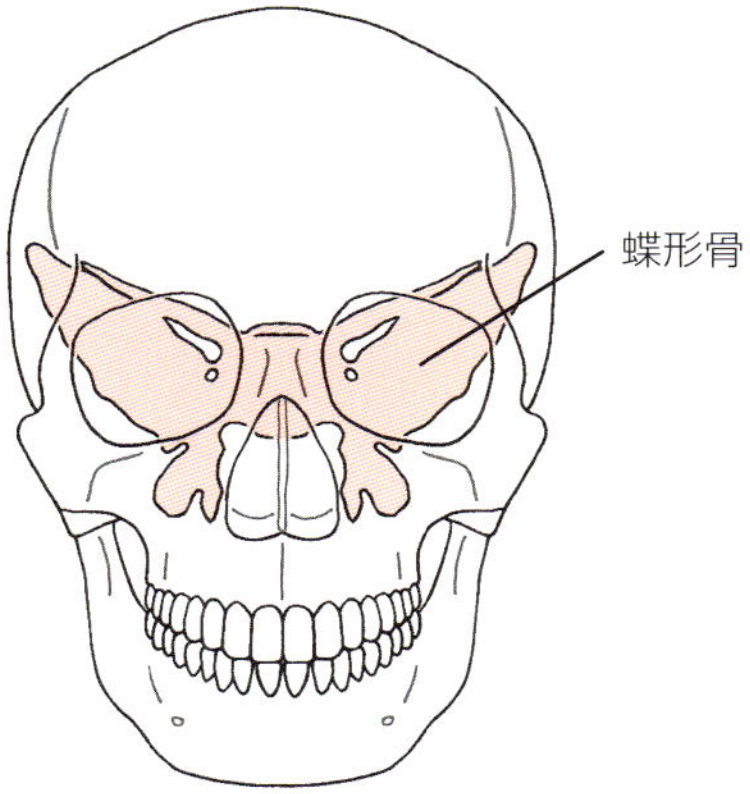

頭部（側面）

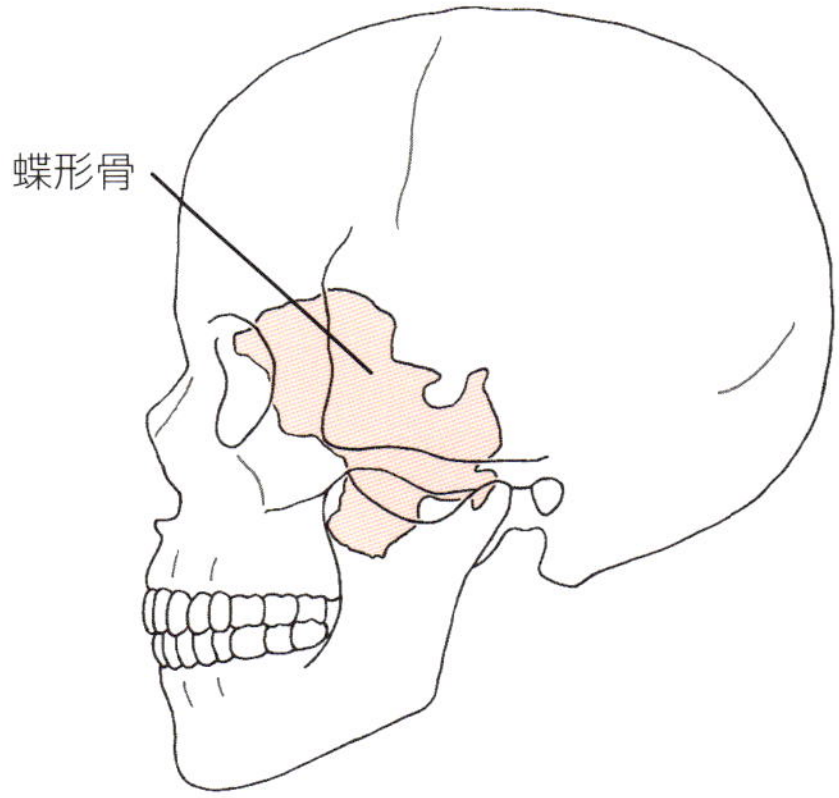

脚の筋肉

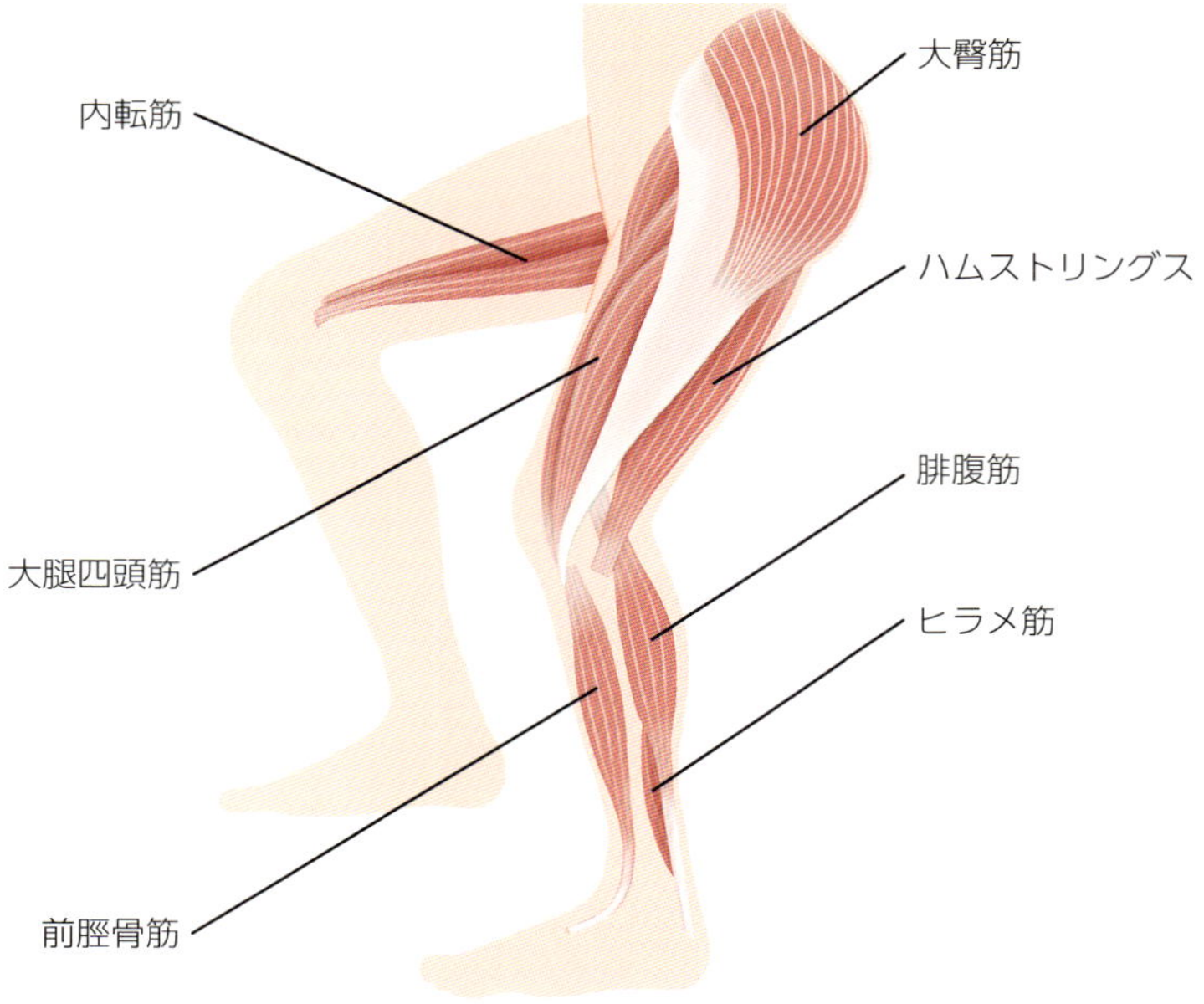

足の骨

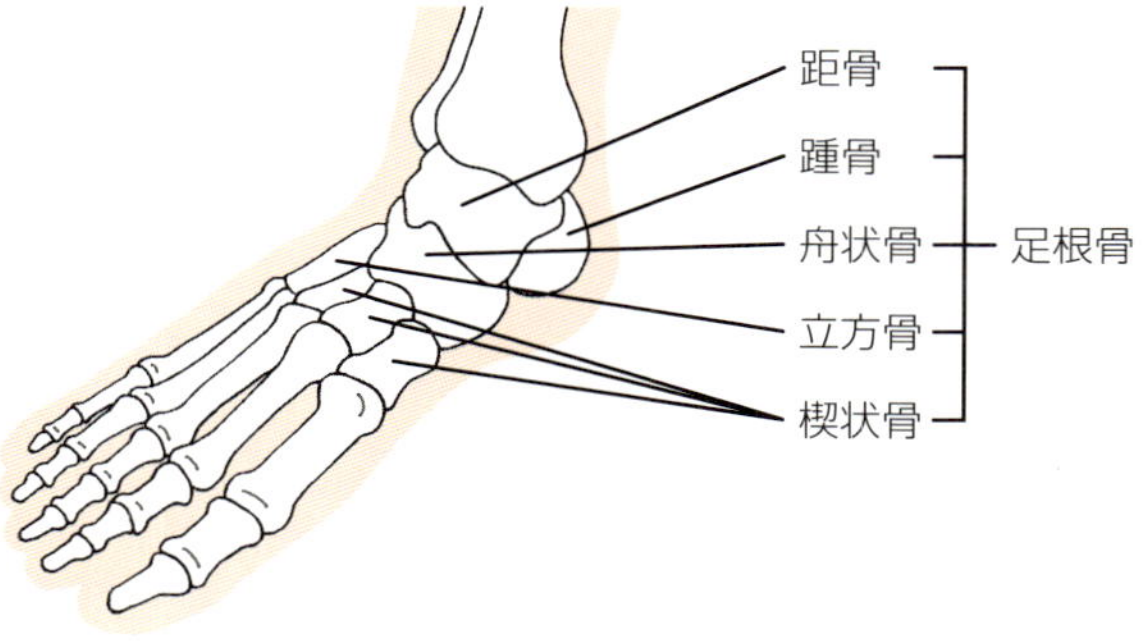

第4章　骨を使ったスポーツの動き

この章では各スポーツの動きを解説するとともに、動きをよくするための骨ストレッチのポーズをご紹介します。

1 歩く・走る

歩く、走るの基本はからだの中で最も重い体幹をいかに効率よく前へ運ぶかということです。

自分の歩き方をチェックしてみましょう。片方の足が地面についた瞬間に動きをピタッと止めてみてください。体幹より膝が前に出ているならば、効率の悪い歩き方です。そこから歩き出すには、前に出ている足で重い体幹を支えて前に運ばなければならず、膝やももに大きな負担がかかります。

歩く、走るは「倒れ込むように進む」のが基本です。倒れそうになるのを、足の動きで絶えず補いながら進んでいくのが自然な歩き方です。歩くという行為はバランスを崩すことによって成り立っています。赤ちゃんのヨチヨチ歩きは倒れ込むようにして、ダダダダダと体幹から前に進んでいきます。この本能的な動きこそが歩き方の原点です。

ここでは骨ストレッチの原理を利用した、歩く・走るためのいくつかのエクササイズを紹介します。いずれのエクササイズでも、準備として次の骨ストレッチをおこなってください。

1 手のひら返し(66ページ参照)
7 足首回し(82ページ参照)
11 足ほどき(94ページ参照)

足ほどきで足の7つの足根骨をよくほぐしてください。足根骨がほぐれると足裏のアーチが使えて、バネが利くようになります。足の裏が使えるようになり地面反力をもらいやすくなります。レースの前などは特に入念におこなってください。

ダブルTウオーキング

58ページのダブルTで立って、そのまま前へ歩くのがダブルTウオーキングです。最初のうちは前方にダブルTの紙が歩幅間隔で並んでいるのをイメージし、「ダブルT、ダブルT…」と口にしながら進んでいくとうまく歩けます。5メートル歩いたら、腕を回したり、前屈をしたりして、からだの柔軟度をチェックしてみてください。特別にからだをほぐしたわけでもないのに、ここちよいくらいに動くことが実感できるでしょう。

ダブルTウオーキングは動力源である体幹から動く「体幹ウオーキング」です。体幹が自然に前へ出るため、倒れまいとして足は体幹の後からついてきます。結果的にからだの重さを利用して前に進むので、からだに負担がかからず、楽に歩くことができるのです。歩くだけで柔軟性がアップするのもこのためです。

ダブルTウオーキングがスムーズなもうひとつの理由は、足の中指です。歩くときは縦のライン上の中指がリードして重心移動をしていきます。ブレーキ役となる親指に力がかからないので、踏ん張りが利かず、倒れ込むようにして体幹が常に最初に前に出ます。ブレーキがかからず、筋肉にも過度の負担をかけずに歩けます。

鎖骨ウオーキング・鎖骨ランニング＊3

鎖骨ウオーキングは、両手で鎖骨をつかんで歩きます。ほとんどの人は体幹を固めて脚だけで歩いたり、走ったりしていますが、鎖骨をつかんで歩くと、体幹主導の動きになります。普通に歩くと3歩のところが、鎖骨ウオーキングなら2歩で行ってしまいます。

速く走るということは重心が速く前に移動するということです。いかに体幹を前に移動させるかが一番のポイントです。

鎖骨ウオーキングで歩く練習をおこない、体幹を楽に移動させる感覚を身につけましょう。肩甲骨と骨盤と肋骨が連動して動いているというのがよくわかるようになり、よい走りに結びつきます。また、鎖骨ランニング・鎖骨ウオーキングは、インナーマッスルを使うので、体幹トレーニングと同じ効果があります。ウエストも引き締まって、一石二鳥です。

プロランニングコーチとして、ＮＨＫのテレビ番組『ラン×スマ』や『いだてん』でランニングを指導している金哲彦さんは、鎖骨ランニングを楽しんでいます。

＊3　鎖骨ウオーキング・鎖骨ランニング®はスポーツケア整体研究所㈱の登録商標です。

前面

側面

胸ひっぱりウオーキング・胸ひっぱりランニング

ダブルTで立ってから、自分のシャツの胸を手で引っ張って歩くエクササイズです。

額、みぞおち、丹田、膝、足の甲を一直線にしてからだを前傾させます。

注意したいのは、胸だけ引っ張って腰が後ろに残ってしまわないようにしましょう。

そのためには最初に丹田を意識して、丹田を活性化します。丹田を押して、丹田を前に出すとより走りやすくなります。

32 丹田押し（140ページ参照）

飛脚歩き・飛脚走り

江戸時代の飛脚の走り方をイメージした骨ストレッチの走り方です。同じ側の手と足を同時に出す「ナンバ走り」ではありません。この歩き方でも、前ページ左の写真と同じく、**額、みぞおち、丹田、膝、足の甲を一直線にして、からだを前傾させます。**

両手の拳を腰の前方に置いて、そのまま歩きます。手は体幹に近づけて下げておきます。重心の位置が前に出る分、進むスピードはアップします。からだが勝手に前に進んでいく感覚がよりはっきりと実感できます。

コツがつかめてきたら、そのまま走り出してみてください。手を意識して振ることはありませんが、自然に少しだけ振られます。あまりのここちよさにずっと走り続けたい感覚に駆られるでしょう。これが「飛脚走り」です。「楽に長く走れる」という点で、短距離走よりも長距離走に向いている走り方です。

２０１９年ＮＨＫの大河ドラマ「いだてん」のマラソンランナー、金栗四三さんの走り方です。前傾姿勢でほとんど腕を振らずに走っています。

2 ダッシュする・反転する

ダッシュする動作、反転する動作に必要なのは、股関節を柔らかく使って重心移動することです。必要な骨ストレッチは、次のとおりです。股関節、仙腸関節の動きがよくなり、鎖骨との連動性がよくなります。

20 鎖骨股関節ほぐし(112ページ参照)
21 鎖骨股関節回し(114ページ参照)
24 仙腸関節ほぐし(あおむけ)(120ページ参照)
25 仙腸関節ほぐし(うつぶせ)(122ページ参照)

股関節は鼠径部にはありません。股関節はヒップジョイントと呼ばれ、お尻側にあります。股関節が固まっているとなめらかに動かないので、膝下の脚を使い、蹴ってダッシュすることになってしまいます。股関節、仙腸関節の柔軟性はサッカーのキックや反転する動作にも有効です。

股関節の動きはももの内側の筋肉が硬いと悪くなります。ももの内側の筋肉とももの前側（大腿四頭筋）の両方が硬いと、ももの裏側の筋肉（ハムストリングス）に負荷がかかって、肉離れが起こりやすくなります。

年齢を重ねると、ももの内側の筋肉（内転筋）から衰えます。この筋肉が弱るといわゆる「がに股」になり、肛門を締められなくなり、丹田に力が入りません。その影響は脳、心臓にも及びます。

イチローの二塁への盗塁は、右側に重心を移動すると同時に右股関節を柔らかく外側に回転させ、からだの重さを使ってスタートを切ります。左脚を蹴ってしまうと重心は左に残ってスタートに時間がかかってしまいます。

次の写真を参考にしてください。

右側に重心を移動。

右股関節が外側に回る。鎖骨をつかむとスムーズに動く。

体幹の重さでからだは、進行方向へスムーズに進む。

3　投げる

肋骨の周辺は表も裏も多くの筋肉が密集しているところです。

投げる動作では、肋骨周辺の筋肉がなめらかに動くことで、からだ全体のスムーズな動きを助けてくれます。腕だけでなくからだ全体が鞭《むち》のようにしなることが投げる動作では重要です。体幹トレーニングで肋骨周辺の筋肉を固めている人は、体幹と腕を連動させる一番の要がとぎれていることになってしまいます。手首だけでも、手首と肘だけでも、手首と肘と肩だけでも投げられますが、それではスピードもパワーも出ません。腕のしなりだけに頼ると、肘を痛める原因にもなります。

野球では、肋骨周辺がきれいに開いて、全身のしなりを利かせた投げ方がよいピッチングフォームです。セットポジションのフォームでは、背骨をまっすぐにした力感のあるフォームでは骨格がうまく使えません。脱力したセットポジションがよいフォームです。肋骨周辺を柔らかく使えるようにすることは投げるための必要条件です。

必要な骨ストレッチは、次のとおりです。

- 2 手首ブラブラ（68ページ参照）
- 4 手首肩甲骨伸ばし（74ページ参照）
- 5 手首背伸び（背を反らすバージョン）（78ページ参照）
- 8 肋骨ほぐし（84ページ参照）

肩甲骨の関節は自由に動きますから、これを前後左右に動かして肩関節の可動域を広げ、肋骨周辺の筋肉を柔軟にすることでよい投げ方ができるようになります。痛みやケガの軽減にもつながります。また、手首ブラブラをおこなうと、動作の流れがよくなり、スナップが利いたボールが投げられるようになります。

「投げる」動作は、テニスのサーブ、バレーのサーブとアタック、サッカーのスローイン、やり投げなど動作と同じですので、これらの骨ストレッチが効果的です。

骨身を上手に使うピッチングフォームのよいピッチャーは最近は少なくなりました。野球界でも筋力トレーニングが全盛で、肘をケガするピッチャーが多くなってきています。

背骨をまっすぐにしたセットポジション。
骨格がうまく使えない。

脱力したセットポジション。
骨格がうまく使える。

肋骨周辺がきれいに開いて全身のしなりを利かせたピッチングホーム。

4　ジャンプする

よいジャンプは、脚のもも前の筋肉（大腿四頭筋）に頼らずにジャンプします。下半身が伸び、体幹が伸び、腕が伸びる3段階加速ジャンプです。全身が使えて大腰筋も大いに働きます。地面反力の伝達もスムーズになります。

必要な骨ストレッチは、次のとおりです。

5 手首背伸び（背を反らすバージョン）（78ページ参照）

8 肋骨ほぐし（84ページ参照）

16 手首立ち上がり（104ページ参照）

3回に1回、いすから立ち上がってそのままジャンプするのを1セットとして、4セットおこなう。

バスケットボールのスーパースターだったマイケル・ジョーダンのジャンプはまさに3段階加速のジャンプでした。地面反力を使い、下半身、体幹、腕、手と力をうまく伝えて、すばらしい空中遊泳を見せてくれました。

5　スイングする

野球のバットスイング、ゴルフスイング、テニスラケットのスイングでも、スイングするときに大切なのは肘の位置です。からだから肘が離れていると腕に頼る小手先のスイングになってしまいます。「脇を締めろ」とよく言われますが、そうしないと鎖骨が動けないのです。ただし、脇をぎゅっと締めすぎてしまっても鎖骨は動けません。

スイングでは肘は下向きに使います。肘が下を向いて、脇が締まり、鎖骨が動くと骨格を使ったスムーズなスイングができます。骨ストレッチの肘ブラブラをおこなうと、肘をその人にとって最適な位置に自然に持って行ってくれます。スイングするときに肘が邪魔をしないようになります。この骨ストレッチをおこなった後は姿勢が安定し、横から押されてもびくともしなくなります。

スイングするときにもうひとつ重要なのは仙腸関節です。仙腸関節は仙骨と腸骨の間にあり、背骨から伝わってきた重みを脚へと伝えるとともに、股関節の運動を助けます。仙腸関節の動きがよくなると鎖骨との連動性もよくなります。

次の骨ストレッチがすべてのスイングに効果的です。

15 肘ブラブラ（102ページ参照）手の甲が下向きで10回、手のひらが下向きで10回。
24 仙腸関節ほぐし（あおむけ）（120ページ参照）10回
25 仙腸関節ほぐし（うつぶせ）（122ページ参照）10回

また、現代人の多くは肩が内側に入り込んでいる**「巻き肩」**です。長い期間、テニスや野球などのスポーツをおこなっている人も利き腕側の肩が巻き肩になります。日常生活でも包丁を持つ料理、運転、パソコン操作などでも巻き肩になります。巻き肩は肘の位置が正しい位置に納まりにくいので、スイングにはよくありません。巻き肩は肩関節だけでなく股関節にも影響が及びます。

巻き肩の改善には、次の骨ストレッチが有効です。

4 手首肩甲骨伸ばし（74ページ参照）

29 烏口突起ほぐし（134ページ参照）

●野球のスイング

野球のバットスイングでは2種類の典型的なフォームがあります。ひとつはインパクトの前に一瞬からだが「浮き身」になるスイングです。イチローや王貞治がこれです。もうひとつはインパクトの直前、ピッチャー側の脚で踏ん張るスイングです。松井秀喜や巨人時代の清原和博がこのスタイルです。パワーはボールに伝わりますが、膝に大きな負担がかかります。

「150キロの球を打ち返すには、親指でしっかりと地面を押さえて軸を作らないと打ち返すことができない」という考え方があります。しかし、親指に力を入れてしまうとふくらはぎや大腿四頭筋に力が入ってしまい、腰をスムーズに回すことができません。無理やり動かすと膝や腰を痛めてしまうことが多いのです。親指ではなく中指を使う方が動作もスムーズでパワーも出るのです。

踏ん張らないでもボールに力は伝わる。

●ゴルフのスイング

ゴルフスイングも野球と同じです。踏ん張って力を伝えるスイングは膝や腰に負担がかかって故障の原因になります。体幹を固めてしまえばケガのリスクは高まります。ゴルファーに筋力トレーニングは必要ありません。

いまだにすべてのゴルファーお手本といわれるベン・ホーガンのスイングは、地面にフワッと立ったアドレスで、踏ん張らないスイングでした。脚を踏ん張らずに骨格を上手に使ってスイングすれば十分な飛距離が得られます。私自身、ドライバーで300ヤード以上のドライブをしています。

ダブルT（58ページ参照）で立ってアドレスをすると、踏ん張らないスイングができるようになります。体幹も肩もよく回るようになります。また、スイングの直前に、次の2つの骨ストレッチをおこなってください。うまく肘が使えるようになり、肩の力も抜けてとても効果的です。

1 手のひら返し（66ページ参照）

15 肘ブラブラ（102ページ参照）

ゴルフのスイングは背中側がエンジンです。ラウンドを続けていくと疲労が蓄積し、スイングが鈍くなってきます。ヘッドスピードが落ちてきたと感じたら背中をほぐします。それには、**鎖骨ウオーキング**（156ページ参照）**の後ろ歩き**が有効です。鎖骨ウオーキングの後ろ歩きに慣れたら、そのまま後ろ走りもします。背中がほぐれてスイングが楽にできるようになります。

松村 卓　MATSUMURA Takashi

1968年生まれ。スポーツケア整体研究所代表。中京大学体育学部体育学科卒業。陸上短距離のスプリンターとして全日本実業団6位などの実績を持つ。引退後、ケガが多かった現役時代のトレーニング法を根底から見直し、筋肉ではなく骨の活用法に重点を置いた「骨ストレッチ」を考案。仙台を拠点に全国各地で講習会をおこない、多くのアスリートやからだに不安を抱える人たちの指導にあたる。『寝たままできる　骨ストレッチ』、『ゆるめる力　骨ストレッチ』、『やせる力　骨ストレッチ』など著書多数。

http://www.sportcare.info

骨ストレッチでスポーツ

しなやかに動けるからだへ

2019年12月17日　初版第1刷発行

著者　**松村 卓**
発行人　**阿部秀一**
発行所　**阿部出版株式会社**
〒153-0051
東京都目黒区上目黒4-30-12
TEL：03-3715-2036
FAX：03-3719-2331
http://www.abepublishing.co.jp
印刷・製本　**アベイズム株式会社**

ISBN978-4-87242-667-0　C0075